日本蜡烛图技术

(珍藏版)

[美]史蒂夫·尼森 著

吕可嘉 译

图书在版编目(CIP)数据

日本蜡烛图技术:珍藏版/(美)史蒂夫·尼森著;吕可嘉译. —2版. —北京:地震出版社,2019.11
(2023.10 重印)

书名原文:The Candlestick Course
ISBN 978-7-5028-5098-2

Ⅰ.①日… Ⅱ.①史… ②吕… Ⅲ.①股票投资 Ⅳ.①F830.91

中国版本图书馆 CIP 数据核字(2019)第 210000 号

The Candlestick Course
ISBN 978-0-471-22728-1
Copyright ⓒ 2003 by Steve Nison. All Rights Reserved.

This translation published under license. Simplified Chinese Translation Copyright ⓒ 2018 by Seismological Press. Authorized translation from the English language edition, Published by John Wiley & Sons. No part of this book may be reproduced in any form without the written permission of the original copyrights holder.
Copies of this book sold without a Wiley sticker on the cover are unauthorized and illegal.

本书中文简体字版专有翻译出版权由 John Wiley & Sons, Inc. 公司授予地震出版社。未经许可,不得以任何手段和形式复制或抄袭本书内容。
本书封底贴有 Wiley 防伪标签,无标签者不得销售。

著作权合同登记　　图字:01-2017-8712
地震版　XM5641/F(5816)

日本蜡烛图技术(珍藏版)

[美]史蒂夫·尼森　著
吕可嘉　译
责任编辑:吴桂洪　王凡娥
责任校对:凌　樱

出版发行:地震出版社

北京市海淀区民族大学南路9号　　邮编:100081
发行部:68423031　68467993　　　传真:88421706
门市部:68467991　　　　　　　　　传真:68467991
总编室:68462709　68423029　　　传真:68455221
证券图书事业部:68426052　68470332
http://seismologicalpress.com
E-mail:zqbj68426052@163.com

经销:全国各地新华书店
印刷:大厂回族自治县德诚印务有限公司

版(印)次:2019年11月第一版　2023年10月第十一次印刷
开本:787×1092　1/16
字数:211千字
印张:18
书号:ISBN 978-7-5028-5098-2
定价:60.00元

版权所有　翻印必究
(图书出现印装问题,本社负责调换)

目 录

序 言 ·· 1
前 言 ·· 1
关于本书 ·· 1

第一篇 蜡烛图基础知识 ·· 1
  第一章 蜡烛图概述 ·· 3
  第二章 蜡烛图构成 ·· 13
  第三章 基本的市场策略 ··· 25

第二篇 单根蜡烛线图 ·· 37
  第一章 纺锤线和风高浪大线 ·· 39
  第二章 危险的十字线 ·· 61
  第三章 长实体蜡烛线：善讲故事者 ································ 79

第三篇 蜡烛线组合形态的威力 ·· 91
  第一章 孪生兄弟：刺透、乌云盖顶、吞没以及反击线 ··· 93
  第二章 孕线与十字孕线、启明星与黄昏星 ···················· 119
  第三章 生动的故事：平头、乌鸦和士兵 ························ 135
  第四章 不连贯的蜡烛线：上升和下降窗口 ···················· 149

1

第四篇　把握市场机会 …………………………………… 163
　第一章　蜡烛图应用 ……………………………………… 167
　第二章　交易原则总结 …………………………………… 177

第五篇　蜡烛图分析技术进阶 …………………………… 181

第六篇　实盘交易中的蜡烛图 …………………………… 233

总　结 ………………………………………………………… 259
附　录 ………………………………………………………… 261

序　言

当我还是一名初出茅庐的交易员的时候，就买过史蒂夫·尼森的第一本著作《日本蜡烛图技术》。刚翻开这本书，我就不禁感到："哦！这本讲述蜡烛线图知识的书是如此的易于理解并且让人陶醉不已！"

在学习进步的历程中，我渐渐被其他一些讲解技术分析的书搞得不知所措——那些讲述指示灯、震荡指标、抛物线的书籍让我深陷迷局之中，读这些书最后的结果无非是让自己昏昏欲睡。

史蒂夫先生的著作则截然不同。该书逐层深入的论述，带领我走入了蜡烛线图的世界，这种分析方法是几百年前一个日本大米交易商发明的。蜡烛图的诞生史深深吸引了我，还有那些栩栩如生的蜡烛图形态的名字，如启明星形态、上影线形态、乌云盖顶形态等，更是让我深深地陶醉其中。我很快就意识到，这些技术形态所蕴含的深刻意义远超过这些琳琅满目的名称本身。它们给出了交易员们最为关注的重要信号——价格趋势的反转与变化信号。

在盯着那些冰冷而索然无味的传统棒线图很长时间以后，我非常高兴能有机会用蜡烛图来取代它们。我很快就接受了这种已经流行的方法，用红色和绿色的蜡烛线来表示市场看涨看跌情绪。

我很快就意识到，蜡烛线图能够像讲故事一样，迅速地告诉我一只股票的价格形态与趋势。在其他指标的配合之下，蜡烛图能够让我极为准确地预判出一只股票未来可能的走势。史蒂夫·尼森能够将这种颇为有效的知识传播到西方社会，对此我向史蒂夫致以诚挚的谢意。

需要提醒大家的是，《日本蜡烛图技术》是在1991年出版的，而在此之前蜡烛图分析技术就已经深深地埋藏于东方社会很多年。我们应该深感庆幸的是，史蒂夫·尼森研究了这项独特的图表技术并将其传扬至欧美。他的努力让金融市场分析技术取得了里程碑式的创新与进步。

作为一名交易员或投资者，对蜡烛图的兴趣与研究会给您带来很多好处：首先，即便您是一位技术分析的新手，蜡烛图技术也会让您觉得通俗易懂，而且会觉得这是一种享受。其次，正如之前所讲的那样，蜡烛线图形在捕捉市场反转信号方面具备非常大的优势。再次，通过蜡烛图与西方传统技术指标的结合，您能够构建出强有力的交易决策系统，从而有效确认做空做多的市场信号。最后，对于蜡烛图形态的解读能力，能够大大增强您研判整个市场走势的效率与准确性。这些好处势必对您的投资交易产生正面提升作用。

在成为蜡烛图知识的信徒多年以后，我参加了在加利福尼亚州安大略举办的一个大型投资交易研讨会。那时我已经完成了自己的著作《日内交易新手指南在线》，另一本著作《短线操作新手指南》也在创作之中。我不经意地瞥了一眼研讨会的会议安排，发现史蒂夫·尼森先生将在当天下午发言。于是我决定聆听他的讲座，并且找机会向他介绍自己。

史蒂夫先生当天的演讲精彩纷呈，演讲结束后，我拼命挤过熙熙攘攘的听众来到演讲台边。当我向他介绍完自己之后，他跟我握手，并且微笑着说："托尼·特纳？哦，我知道你的大名，我买过你那本关于日内交易的书，写得非常棒。"我微笑着回应，并怀着激动欣喜的心情度过了那场研讨会。

我现在可以荣幸而自豪地说，史蒂夫·尼森先生和我已经成了好朋友。在金融领域的领军人物之中，这位睿智而悟性高超的绅士获得了最高的尊崇。无论是参加某个投资研讨会，或是写一本著作，还是讲授一门在线课程，他总是表现得极为完美。我尤其欣赏他那制造冷幽默的能力，总能使错综复杂的技术分析变得那么乐趣无穷。

这本关于蜡烛图的教科书被设计成一个互动性的学习指

导教程。作为史蒂夫·尼森系列丛书、视频以及网络课程的基础辅助教材，这本书会提供一个学习和应用蜡烛图技术的基础性思维框架。每个章节都包含四个部分——学习目标、关键术语、课程学习以及理解程度测试。您可以在每个章节的最后找到问题的答案。请认真地读完这些答案，它们所蕴含的一些弦外之音能让您获益匪浅。

我非常相信读完这本《日本蜡烛图技术（珍藏版）》之后，您一定会发现它妙趣横生，并且日后必将它作为日常投资中的工具参考书放在手边。

对于一名交易员或投资者而言，获取知识并且活学活用是投资成功之路中至关重要的一步。当您真正掌握了蜡烛图分析技术之后，它会很好地服务于您，让您在金融市场的投资之路上如虎添翼。

祝您好运，在交易中获胜！

托尼·特纳

（《华尔街投资制胜之道》与《日内交易新手指南在线》的作者）

前　言

作为最早将日本蜡烛图分析技术传播到西方社会的人，看到蜡烛图已经成为很多交易员和投资者极为重要的分析工具，我感到由衷的欣慰与自豪。蜡烛图，也被称为蜡烛线图，对于事先预判出市场的反转信号非常有效。如果运用得法，它能够保护好您的投资本金并且大大提高交易成功的概率。蜡烛线图与传统的棒线图相比，能够更精准而细致地展现市场运行的状态。原因在于，蜡烛图提供了一种新的投资分析方法，它具备传统棒线图所不具备的很多优点。

1．蜡烛图能够通过展示空方和多方的博弈，如同图画一般生动地展示出市场目前的供需状况。

2．与传统的棒线图一样，蜡烛图也能展示出市场的趋势。但是，蜡烛图通过揭示走势背后的推动或压制力量，在市场分析之中增加了一个新的维度。

3．传统的棒线图通常需要花费几个星期的时间才能传达出一个市场反转信号。然而，蜡烛图在1~3个交易日就能传达出市场即将出现的反转信号。这样一来的结果就是，蜡烛图能够提供更多更加及时的交易机会。

4．由于蜡烛图所用的市场交易信息与基础数据（即开盘价、最高价、最低价和收盘价）跟传统的棒线图完全相同，所有基于传统棒线图的西方技术分析工具均能轻而易举地套用到蜡烛图之中。既然蜡烛图比传统的棒线图具备更多的优势，用蜡烛图来代替传统的棒线图势必会带来一石二鸟的优势，因为您不仅能够运用所有在棒线图中可用的既有信号，还可以得到蜡烛图所传达出的预判市场反转的信号。

举例来说，如果您正持有一只股票的多头持仓，而蜡烛图上显示一个乌云盖顶形态已然形成，随后该蜡烛图只需要经过两个交易日，就可以传递出市场反转的完整信号。在这种情况下，您应该当机立断地选择平仓获利了结，特别是当市场同时出现其他一些空头信号时更该如此。然而，没有学习过蜡烛图形态的人就没有那么幸运了，他们很可能会继续持有股票，最终失去一部分甚至全部的利润。

蜡烛图的另一个优势在于，它能够在各种各样的证券市场上表现出极其巨大的有效性，例如期货市场、债券市场、外汇市场以及股票市场。在任何证券市场上，只要能够找出最高价、最低价、开盘价、收盘价这几个要素信息，都能够将蜡烛图绘制出来。

蜡烛图及其各个形态同样能够应用于各个时间周期的分析中。个人投资者与机构投资者能够通过周蜡烛图来研究市场趋势，中线交易者与波段交易者则可以通过日蜡烛图来研究市场趋势，而短线交易者与日内交易者则不妨在日内蜡烛图中加以分析研究。

此外，蜡烛图还能将市场参与者每个瞬间的心理变化状态如图画一般展示出来。早期的日本投资者把解析市场参与者的情绪波动放在至关重要的位置。在如今风云变幻的金融市场环境中，在各种突发事件的冲击之下，市场很容易发生迅雷不及掩耳的突然反转。由此不难看出，密切关注并深入洞悉市场上的群体心理波动是多么的重要。

在传统的棒线图上，市场群体心理很难被察觉，蜡烛图则不同，您只需扫一眼蜡烛图的走势，就能够很快发现市场广大参与者当前对市场的态度。蜡烛线的实体部分如果很长，那就可以明确地显示出当前市场上占据主动地位的是多方还是空方，而蜡烛线的实体部分如果很短，甚至出现了十字星形态，则说明多空之间并没有明确的实力差距（我们将在第二篇详细讲述这个问题）。对于投资者而言，无论多方和空方实力悬殊，还是实力相当处于胶着状态，都是非常重要的市场信号，而蜡烛图正好能将这些信号迅速而准确地表达出来。

史蒂夫·尼森

关于本书

日本谚语有云:"马车总是需要两个轮子来支撑。"用这句话来形容这本书再合适不过。支撑本书的第一个轮子,就是它为那些学习蜡烛图的新手和想要加强对市场理解的读者提供了技术分析的理论基础。第二个轮子则是贯穿整本书的理解程度测试及参考答案。它们对于快速检测您对书中内容的理解程度以及帮助您深入领悟书中阐述的观点,有着不可估量的作用。而这些理解程度测试及参考答案正是本书区别于其他技术分析著作的独到特色。

这本《日本蜡烛图技术(珍藏版)》的读者主要分为两类:一类是学习蜡烛图的新手;另一类是希望强化自己对市场的理解能力的有经验的投资者。本书直指蜡烛线图最关键的要点,以便帮助您更好地领略蜡烛线图在实战中的巨大威力。本书的目的并非罗列所有的蜡烛图形态和技术,而是向您展示怎样去识别和运用那些最为重要且已得到广泛应用的蜡烛图形态。更为重要的是,本书提供了一种量化的检测方法,可以用来测试您对本书所讲述的基本概念和基本原理的掌握程度。

需要请您记住的是,本书中所讲述的蜡烛图工具只能作为您的整个技术分析系统中的一个组成部分。如果您已经能够驾轻就熟地运用一些西方传统技术分析工具,如成交量或移动平均线等,那么就继续运用这些投资技巧,同时在您的整个技术分析系统之上添加蜡烛图分析技术作为有力的补充。

本书的每一章都包括学习目标、关键术语、课程学习和旨在让读者将所学知识融会贯通的理解程度测试。读完每章的课程内容后,请用章节末尾的测试题来检验自己对于本书所讲内容的理解程度。为了让您更好地吃透本书所讲述的内容,本书采用了多种样式的测试题,如单选题、多选题、案例分析题等。虽然有些测试题本身看起来比较短，但是相关的答案分析却非常详细，这将有助于您更好地理解。千万不要对于题目后边所附的答案不屑一顾，它们是作者为您精心准备的除课程正文以外的另一种学习方式。请务必多投入一些时间到每章之后的问题讨论和知识实际应用案例之中。您在研究本书所附问题的答案中所用的时间越多，您在实盘交易的投资决策中就能多一分的胜算。

本书第一篇、第二篇、第三篇讲述如何识别蜡烛图信号，以及如何运用蜡烛图来估量市场趋势是否正在发生变化。

本书第四篇着重于蜡烛线图知识在现实中的实际应用，同时给出了一些关于实盘交易决策的指导原则。

本书第五篇选取一张时长五个月的日线级别蜡烛线技术图表，讨论这张图表里一天或几天内的蜡烛线形态，分析市场走势。

本书第六篇将所有知识整合在一起，通过蜡烛线图表和相关问题提供一个来自实盘投资决策的实战演习。

本书的最后还附录了蜡烛图术语及示意图表汇总。

在本书第一篇至第三篇之中还穿插了"补充知识"和"关键要点"。补充知识介绍一些跟课程相关的有趣知识和补充性信息。关键要点主要是讲我在交流会上经常被学员问及的一些问题及其答案。

正如一句日本谚语所说的那样："地基的深度决定了墙的高度。"《日本蜡烛图技术(珍藏版)》这本书将为您快速掌握蜡烛线图表的强大实战效力、并在今后的投资实战中熟练运用蜡烛图打下深厚的基础。

第一篇

蜡烛图基础知识

第一章　蜡烛图概述

金融市场可谓是世界上最令人惊心动魄和最富于挑战性的领域之一。金融市场的参与者在做投资研究与决策时用的方法可以分为两类：基本面分析和技术分析。基本面分析中使用的信息来源更多是财经资讯和上市公司财务会计报告，而技术分析则主要是通过蜡烛线图表或者其他金融工具来对股票作出评价。

毫无疑问，基本面分析非常重要，但是操作的时间周期越短，市场参与者心理因素的影响在交易中的重要性也越大。而技术分析可谓是在分析市场参与者心理状态方面的不二法门。事实上，市场参与者情绪波动的力量大过市场基本面影响的案例数不胜数。

例如，很多次我们发现基本面形势非常乐观，但市场的真实表现却是不断地下跌。即便我们发现了一只基本面极为优秀的股票，谁又能保证它在大盘猛烈下跌时依然独善其身呢？毫无疑问，这只基本面并未发生什么改变的股票在大盘整体下跌的情况下将会受到波及。正如证券投资专家伯纳德·巴鲁克所说的：在市场波动之中，最重要的并不是发生了哪些事件，而是人们对于这些事件的反应。而蜡烛图正是我们洞悉市场参与者群体情绪和对事件反应的最有力工具。

在本书接下来的几个章节里，您将逐渐领略到日本蜡烛图技术是如何提高证券投资分析的效率与效果的。随着您解读蜡烛图信号能力的日益纯熟，您所学到的蜡烛图基础知识及其实战运用方法势必将大大提升您在金融投资中的成功率。由于"蜡烛图"和"K线图"这两个术语在证券投资交易方面表达的是同一个意思，本书在后文的表述中对二者不做区分。

学习目标

◎了解蜡烛图技术产生的历史背景
◎了解蜡烛图所适用的市场与时间周期
◎了解蜡烛图的局限性
◎了解风险与收益决策方法的重要性
◎了解在使用蜡烛图的同时结合其他技术分析工具的重要性

关键术语

◎反转信号
◎蜡烛线
◎目标价位
◎风险与收益

> **补充知识**
>
> 在几个世纪之前的日本，商人处于社会最底层，其社会地位排在士兵、农民和工匠之下。直到18世纪，商人的社会地位才开始日渐提高。即使在现在的大阪，人们见面打招呼时的问候语仍然是"Mokarimakka?"，翻译成中文就是"您赚钱了吗?"

课程学习

蜡烛图的使用最早起源于日本。由于当时缺乏统一的货币衡量标准，所以人们用大米作为交易的媒介。封建领主把大米存放于大阪的仓库之中，然后根据市场情况来交易大米合约。这样一来大米市场就发展成了最早期的期货市场。

大约在1700年前后，日本一位名叫本间宗久的出身富裕家庭的大米交易巨头，研究了与大米交易有关的所有基本面细节，诸如天气状况、大米交易参与者的心理等方面。随后，本间宗久渐渐地建立了自己在日本大米交易市场上绝对的垄断地位，并因此积累了巨额的财富。本间宗久所运用的交易技术和法则，随着日本股票市场在19世纪70年代的兴起，逐渐发展成为日本技术分析师广泛使用的蜡烛图分析技术。

在投资中使用蜡烛图取代传统的棒线图，这一巨大变革最突出的优点表现在：单根蜡烛线和多根蜡烛线的组合形态，能够为投资者提供更加可靠、更加提前也更加有效的市场反转信号。市场反转信号无疑是交易员和投资者们最想获取的市场信息。重大的趋势反转信号一旦出现，就意味着目前的市场正处于大多数交易者获利了结的状态，或者是大多数人认亏离场的状态。另外值得一提的是，识别市场上出现的反转信号的能力，对于运用各种资金管理策略来赚取利润而言是至关重要的，对于保住现有利润的安全也是意义非凡的。

当然，没有任何单一的技术信号可以堪称万能，蜡烛图跟其他技术分析工具一样，也有着自身的局限性。

蜡烛图的构造和传统棒线图一样，都使用了开盘价、最高价、最低价、收盘价这几类数据，本书随后会更具体地讲解这一点。因此，为了能够让单根蜡烛线或若干根蜡烛线的组合形态提供出有效的市场信号，您必须等到一天的交易结束，蜡烛图形态完全形成的时候才能够进行确认。然而，为了能够更早地识别出蜡烛线形态信号，您需要使用更短的时间周期的蜡烛图（例如，1分钟蜡烛线图、15分钟蜡烛线图等时间短于一日的蜡烛图），而不是等到一天的交易结束、日蜡烛图形态的完全形成才进行交易信号的判断。

举例来说，现在正处于一个交易日内的交易时段，而您正在关注一只股票的日线蜡烛图上的价格走势，您的预感是市场很快将会出现反弹。那么千万不要等到日蜡烛线最后走完一天的行情才观察蜡烛图上是否出现了看涨信号以确认您的判断，您应该将蜡烛线图切换到小时级别的蜡烛图表，来观察在小时图表上是不是上午就出现了看涨信号。

请读者记住，跟随蜡烛图信号能够让您区分出支撑位与阻力位，但它们并不能告诉您股票的目标价位。这就是我一直在强调同时运用西方经典技术分析方法重要性的原因，比如高点和低点震荡中枢价位、趋势线等，这些工具能够帮助您确定预期的目标价位。在以蜡烛图信号为决策工具进行股票交易之前，一定要考虑好该交易的风险与收益的配比。我需要反复强调的是，除非您已经考虑清楚了风险和收益的配比，否则就不要根据蜡烛图传达的信号进行交易。举个例子，如果蜡烛图上出现了看涨信号，比如说是一根锤子线，风险价位（即应该止损清仓的价位）应该低于这根锤子线的最低价。现在我们已经定义好了风险价位，下一步应该做的就是确定目标价位。确定股票上涨的目标价位可以通过很多种方式来完成，包括市场的前期高点、前期下跌低点构建成的阻力线。到这一步我们就已经定义好了风险与收益的参考价位，接下来我们需要做的就是决定是否要进行实盘交易。无论这是不是一根看涨的锤子线，如果从锤子线的买入信号来看，这笔交易的风险和收益空间都是2美元的话，那么最好的选择就是放弃这笔交易。

就像一句日本谚语所说："只有把弓彻底地拉开，才是放箭的时机。"而投资中"放箭"的时机取决于对交易风险与回报比例的权衡。

虽然蜡烛线及其组合形态能够传递出完美的趋势反转和变化的信号，但我还是建议读者在使用它的时候要结合一些其他的技术分析工具。正如"一根筷子易折断，十根筷子抱成团"一样，当多种技术分析指标都显示买入和卖出信号之时，能够发挥出效果较好的协同效应。

接下来请您完成下面的理解程度测试，然后将自己的答案跟本章最后给出的参考答案作一个对比，即使您清楚这些问题的答案，还是花一些时间读一下我的解释吧。您在我的答案中学习到的深层次信息，也会强化您对蜡烛图知识的领悟。

本篇第二章，将介绍单根蜡烛线及其构造。基本的几种蜡烛线形态很容易理解。我们将首先重点研究蜡烛线的实体，它们的长度或长或短，但是意义却截然不同；接下来将研究与实体配合使用的上下影线长度所蕴含的意义。再配合一些实战练习，您很快就能捕捉到隐藏在蜡烛形态背后的重要交易信号。

能力测试

____ 1. 蜡烛图的发明人是：

    a. 中国人

    b. 日本人

    c. 没人知道

    d. 朝鲜人

____ 2. 蜡烛图起源于：

    a. 17世纪的大米期货市场

    b. 19世纪70年代日本股票市场创立之时

    c. 20世纪的美国股票市场

    d. 17世纪的中国

____ 3. 蜡烛图可应用于哪些市场？

    a. 日本的股票市场

    b. 美国的股票市场

    c. 期货市场

    d. 上述市场皆可

____ 4. 以下哪个时间周期不能用于构建蜡烛图？

    a. 日蜡烛线图

    b. 周蜡烛线图

    c. 5分钟蜡烛线图

    d. 分时图

____ 5. 蜡烛图的局限性表现在：

    a. 只能适用于日蜡烛图或者更长时间的时间周期

    b. 不能与西方经典技术分析相结合

    c. 需要收盘价的完成，才能使蜡烛图形态完全显露出来

    d. 只适用于股票

____6. 蜡烛图的另一个局限性表现在：

    a. 不能传递反转信号

    b. 不能给出目标价位

    c. 只能适用于日蜡烛线图

    d. 只能适用于股票

____7. 为什么可以在图表分析中结合西方技术分析方法？

    a. 因为蜡烛图和西方技术分析产生发展于同一时期

    b. 因为二者都有收盘价

    c. 你无法在蜡烛图中使用西方技术分析工具

    d. 因为蜡烛图和传统棒线图都使用同样的原始数据

____8. 在以蜡烛图显示的信号为判断基础进行交易时，我们必须：

    a. 考虑其他分析指标的重要性

    b. 考虑交易的风险与收益比

    c. 时常观察5分钟蜡烛图

    d. a和b

参考答案

1. b

   【解析】蜡烛图是日本人发明的。那些构成蜡烛图的曲线的外表非常类似于蜡烛及其烛芯的样子，蜡烛图因此而得名。

2. b

   【解析】根据我的研究，蜡烛图最早得以应用是在19世纪70年代日本股市开始创建的时候。事实上，蜡烛图技术的分析方法从更早期的17世纪日本大米期货市场就已经产生了。早在那个时候，交易员主要研究的是市场参与者的情绪波动状况，具体的交易价格情况倒是在其次。有一位作家曾在1755年时这样说："当市场处于熊市的时候，一定是有一些原因引发了担忧的情绪。"这一描述与当今的金融市场情况极为相似。即便在那个久远的年代，日本人就已经理解了洞察市场参与者心理状态的重要性。

3. d

   【解析】蜡烛图表可以应用在所有具备开盘价、最高价、最低价、收盘价等原始数据信息的市场。

4. d

   【解析】蜡烛图可以应用于几乎所有的交易时间周期，从周线级别蜡烛图表到日线级别蜡烛图表，再到日内蜡烛图表等。对于周线级别蜡烛图而言，它是以周一的开盘作为蜡烛线的开盘价，本周的最高价和最低价作为蜡烛图上相应的最高价和最低价，周五的收盘价作为整个蜡烛线的收盘价。对于日线级别蜡烛线而言，则是用一个交易日里的开盘价、最高价、最低价和收盘价。在日内蜡烛图中，可以选用指定时段的开盘价、最高价、最低价、收盘价；但是在分时图中，我们没办法画出蜡烛图，这是因为我们所拥有的数据仅仅是一个收盘价。

5. c

【解析】因为蜡烛图的绘制用到的是开盘价、最高价、最低价和收盘价，所以我们需要等到收盘时才能完成一个完整的蜡烛图。然而，更有实战价值的分析技术是要通过较短的时间周期获得一个较早的交易信号。比如，在日线级别蜡烛线图中，我们必须等到每日收盘的时候才能形成整个蜡烛图。如果您切换成日内蜡烛图表（比如小时级别、30分钟级别、15分钟级别等），那么只需要等到这个较小时段结束的时候，就能发掘到蜡烛图信号了。

6. b

【解析】蜡烛图不能给出目标价位（虽然它可以给出潜在的支撑价位和阻挡价位）。这就是为什么我总是强调在分析中最好是把蜡烛图和西方经典技术分析方法提供的信号结合来获得一个目标价位。比如，当市场通过蜡烛图给出了一个看涨信号，一个重要的前期高位或者向下倾斜的阻力线，就可能是接下来这一波上涨行情之中所能达到的目标价位。

7. d

【解析】因为蜡烛图和传统棒线图都使用开盘价、

最高价、最低价和收盘价这些相同的数据，所以所有的西方技术分析工具都可以与蜡烛图分析相结合。这就是日本在19世纪70年代就用蜡烛图取代了传统的棒线图的原因。蜡烛图在西方社会显然大有取代传统棒线图的势头。通过传统棒线图您只能捕捉到基于图表的一些信号，而通过使用蜡烛图表，您不仅可以使用所有的西方经典图表分析工具，而且可以获得蜡烛图独有的趋势反转预测信号。

8. d

【解析】虽然蜡烛图为投资者提供了生动形象而又强有力的信号，向投资者预示出市场可能发生的反转，但是投资者仍然需要判别，基于蜡烛图信号所作出的这次交易决策是否具备吸引人的"风险收益比"。一个经典的蜡烛图信号在市场上形成，并不意味着以此交易就必然会成功。决定是否进行交易，应当基于风险与收益的综合权衡与对比。正如一句东方成语所说："三思而行。"如果风险与潜在收益的权衡对比结果很差的话，此时最为正确的决策就是按兵不动。使用蜡烛线或者蜡烛线组合形态来进行交易择时的另一个技巧就是，寻找其他技术分析信号对蜡烛图加以确认。比如跌破移动平均线或者市场出现50%的回撤等。这样的确认使市场出现反转的概率进一步增强。虽然日内交易者可能会看5分钟级别的蜡烛线图，但是依我看来，在决定交易下单之前看这些图没有多大用处（除非您就是用5分钟级别图表来交易的）。

第二章　蜡烛图构成

日本谚语有云："若没有桨，您就不能靠船渡河。"如果说蜡烛图基础知识的学习之路是一条河的话，那么本章的内容就为您提供了渡河之桨。本章我们将讲述蜡烛图真实的绘制方法，与传统棒线图一样，蜡烛图也是由开盘价、最高价、最低价和收盘价这些基本元素构成的。从本章开始我们将介绍一些基本的蜡烛图应用方法，并逐步体会其功效。

学习目标

◎ 了解单根蜡烛线的识别标准及其组成部分
◎ 了解实体和影线的识别标准及其区别

◎掌握绘制单根蜡烛线的方法

关键术语

◎实体

◎白色实体

◎黑色实体

◎上影线

◎下影线

课程学习

技术分析人士中通常使用三种形式的基本图表：分时图、棒线图和蜡烛图（点×图是技术分析图表的另外一种形式，但它并不能显示出交易的开盘价、最高价、最低价和收盘价）。分时图由代表某一种金融交易工具收盘价的许多散点所构成，将这些散点连接起来，就形成了分时图曲线。

正如棒线图是用一根线段底部和顶部来代表最高价和最低价，蜡烛图，或者称 K 线图，也可以显示出市场的最高价和最低价。

棒线图上的单根棒线，是在竖线左边画出一根小横线代表市场开盘价，在竖线的右边画出一根小横线代表收盘价。然而在绘制蜡烛图时，我们将连接开盘价和收盘价之间的部分画成"实体"。这样一来就及时而完整地展现出了股票价格的运动全貌，同时也为我们揭示了市场参与者当前的心理状态。

实体，也就是蜡烛线中的矩形部分，代表开盘价和收盘价之间的距离。白色实体代表该交易时段的收盘价高于开盘价，因为白色实体的顶部是该时段的收盘价，白色实体的底部对应的是该时段的开盘价。黑色实体则代表收盘价低于开盘价，黑色实体的底部是该时段的收盘价，黑色实体的顶部对应的是该时段的开盘价。任何时间周期内的市场交易数据都可以绘制成蜡烛线，从分钟级别蜡烛线到月线级别蜡烛线都能绘制出来。

> **关键要点**
>
> 因为绘制一幅蜡烛图需要有开盘价、最高价、最低价和收盘价这几个要素，所以我们不能在对冲基金或者跳点（Tick-to-Tick）图表中运用蜡烛图，因为这两种图只提供收盘价信息。

在实体的头部和尾部延伸出来的垂直线，就是所谓的上影线和下影线。上影线的最高点是这条蜡烛线所代表的交易时间内的最高价，下影线的最低点是这条蜡烛线的最低价。虽然蜡烛图和传统的棒线图使用的原始数据来源完全相同，但是蜡烛图上K线实体的颜色以及上、下影线的长度，却为我们生动地展示了多方和空方角逐厮杀的景象，并极有可能从中预判出谁将赢得这场战斗。举例来说，当一只股票在收盘的时候，其实体是黑色的，这就表示收盘价低于开盘价。这将帮助您立即判断出目前这只股票是多方占据主动还是空方占据主动。对于一些每天都花数个小时来盯行情图的读者来说不难发现，蜡烛图不仅看起来更加简单明了，而且它还能够传达出传统的棒线图表所无法传达出的各种强有力的市场信号。

图1.1展示了蜡烛图形态的基本构成。在图1.1A中，XYZ这只股票的开盘价是30，收盘价是35，最高价是37，而最低价是29。在图1.1B中，XYZ股票的开盘价是35，收盘价是30，最高价是37，而最低价是29。

补充知识

对于一根蜡烛线而言，如果股票在这根蜡烛线的最高点处收盘，它就没有了上影线，日本技术分析师给这种蜡烛线取名叫作"光头大阳线"。相反，如果市场在这根蜡烛线的最低点处收盘，它就没有了下影线，日本技术分析师给这种蜡烛线取名，叫作"光脚大阴线"。

关键要点

上影线的最高点和下影线的最低点表示的是每根蜡烛线的最高价和最低价，无论实体是黑色还是白色。

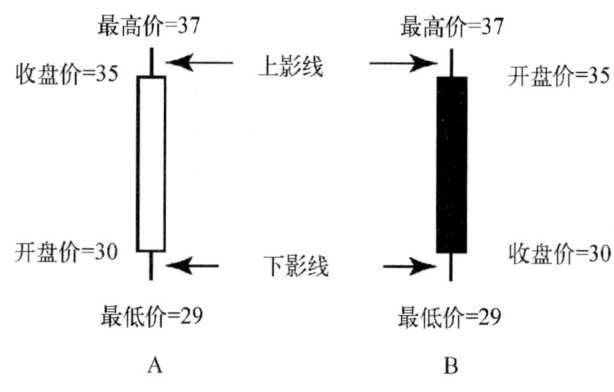

图1.1 蜡烛图的构成

和传统的棒线图一样，蜡烛图每一根线都代表一个具体的时间段。在周线级别蜡烛图上，每根蜡烛线代表一个星期的交易情况；在日线级别蜡烛图上，每根蜡烛线代表一天的交易情况；而在15分钟的日内分时蜡烛图上，每根蜡烛线代表以15分钟为单位的交易时段。

使用蜡烛图最大的好处在于，它可以展现出广大交易者和投资者对当下市场所持有的态度。一个长长的、坚实的实体，无论是白色还是黑色，意味着多方或空方在市场上占据决定性地位。相反的情况是，在本章接下来的内容中您会看到一些实体较小的蜡烛线，这种情况意味着市场参与者对于做多还是做空并没有明确的态度，多方、空方均不占决定性地位，当多方推动股价上升时，空方会将价格打压下来。

请读者注意图1.1A中那个较长的白色实体，这段白色实体说明了收盘价比开盘价高出许多（在这个案例中整整多出了5个货币单位），这说明现在的情况是多方牢牢地控制了股价行进的方向。在图1.1B中，那长长的黑色实体，代表收盘价比开盘价跌去了多个货币单位，这也意味着对于这只股票而言目前看空的情绪较为浓重。

图1.1A中的上影线告诉我们，多方力量在今日盘中一度将XYZ股票的价格拉升到37的高度。尽管这只股票的收盘价依然收在当天的较高位置，但实体上方的上影线表示多方无力将37这个价位一直维持到收盘的时候。而图中的下影线表示空方曾在盘中一度将股价压低到了29的低位，但是买方力量随即提供了支持，将股票价格拉升起来，并且在收盘的时候收在35，比当日的最低价高出6。

在谈论开盘价和收盘价的时候，我们要知道日本的技术分析师极为重视这两个对于全天交易而言非常关键的时间点。他们和大部分西方分析师一样，相信一个交易日里开盘后的第一个小时的交易情况往往能够为全天的走势奠定基调。正如东方谚语所说："一年之计在于春，一日之计在于晨。"

在刚开盘的时候，前一天收盘后所发生的事情往往已经被市场吸收和消化了，这就造成了市场的多变性。市场吸收和消化这些信息后的具体反应，极有可能会造成某只股票价格甚至某个行业板块整体的价格大幅波动。这种大幅波动的情况会一直延续到开盘后这一个小时临近结束的时候，这时候市场参与者才能对自己应该怎样操作作出好的决策。

一句美国股票市场的俗语是这样说的："业余交易者注重开盘行情，专业交易者注重尾盘行情。"虽然这句认为大多数交易新手都喜欢在开盘时下单交易的假设有夸张的成分，然而每天的尾盘行情总是掺杂着很多的情绪因素，这确是一个不争的事实。在交易的最后一个小时，许多市场交易员会在此时调整他们的仓位，这也正是交易员、散户投资者以及机构投资者决定是否要持仓过夜的重要时刻。例如做期货交易，是否会接到追加保证金的通知电话，也取决于交易品种的收盘价格。因此，市场往往在交易的最后一个小时，因为情绪波动而产生剧烈的价格波动和成交量的急剧增大，也就不足为奇了。

既然开盘和收盘的时候往往会成为市场交易混乱的时期，如果您在这些时候考虑进行交易，就一定要保持高度的警惕和自律。

在本篇下一章，我们将讨论蜡烛图最为重要的应用：看蜡烛图如何给出趋势变化的早期信号。无论是一个成熟的、即将走完了的趋势末期，还是短暂的间歇性的趋势，蜡烛图形态都能向您展示多方与空方在市场控制力上面的相互转化状态，也能告诉您多空转换是正在发生还是即将发生。对于交易员而言，这些信息是至关重要的。对于投资者而言，能够在市场中获得回报或是将资金输给市场，取决于能否识别出这些市场信号。这一章所学的知识，能够帮助您知道如何解析这些重要的信号。

能力测试

___ 1. 蜡烛图中的矩形部分被称为：
   a. 上影线
   b. 下影线
   c. 实体
   d. 蜡烛芯

___ 2. 蜡烛图中高出实体部分的那根细线叫作：
   a. 上影线
   b. 下影线
   c. 实体
   d. 蜡烛芯底部

___ 3. 黑色蜡烛图的上影线代表该蜡烛线哪两个价格之间的距离？
   a. 最高价和开盘价
   b. 最低价和收盘价
   c. 开盘价和最低价
   d. 开盘价和收盘价

___ 4. 白色蜡烛图的下影线代表该蜡烛线哪两个价格之间的距离？
   a. 开盘价和收盘价
   b. 开盘价和最低价
   c. 收盘价和最低价
   d. 以上都不是

___ 5. 在日内小时级别蜡烛线中出现黑色实体的含义是：
   a. 这一个小时的收盘价低于上一个小时的收盘价
   b. 这一个小时的收盘价低于这一个小时的开盘价
   c. 这一个小时的收盘价高于上一个小时的开盘价

d. 这一个小时的收盘价等于这一个小时的开盘价

____ 6. 在日线蜡烛图中,出现白色实体的含义是:

a. 今天的收盘价比昨天的收盘价高

b. 今天的收盘价高于今天的开盘价

c. 今天的开盘价比昨天的开盘价高

d. 今天的收盘价低于今天的开盘价

____ 7. 蜡烛图的哪一部分堪称是"价格运动的关键部分"?

a. 上影线

b. 下影线

c. 收盘价

d. 实体

____ 8. 股票市场交易的最后一个小时和尾盘时行情十分重要,是因为:

a. 这个时候市场的参与者,无论是个人投资者还是机构投资者,都更倾向于将现有持仓或新购买的股票平仓

b. 基金经理们会在此时调仓

c. 空头持仓者纷纷平仓

d. 纽约证券交易所的收盘钟在此时由重量级人士敲响

____ 9. 请用表1.1中的数据画出蜡烛线。

表1.1 数据点

	开盘价	最高价	最低价	收盘价
蜡烛图1	23	28	23	24
蜡烛图2	30	30	24	27
蜡烛图3	27	29	26	27
蜡烛图4	21	26	21	26
蜡烛图5	24	27	21	23

____10. 如图 1.2 所示，在蜡烛线 X 中，数字 3 代表的是：

  a. 收盘价

  b. 开盘价

  c. 最低价

  d. 最高价

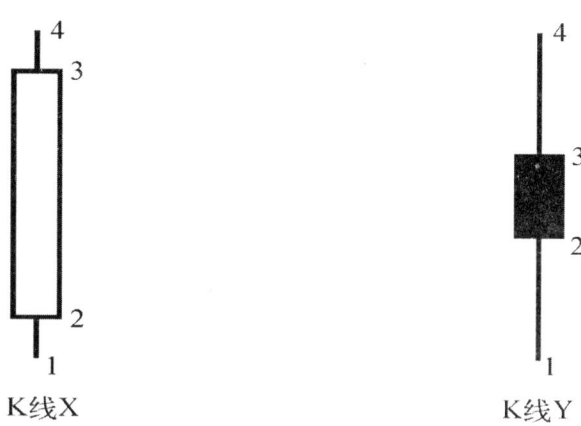

图 1.2　问题 10、11

____11. 如图 1.2 所示，在蜡烛线 Y 中，数字 3 代表的是：

  a. 收盘价

  b. 开盘价

  c. 最低价

  d. 最高价

参考答案

1. c

   【解析】蜡烛图中的矩形部分叫作实体。实体代表交易时段中开盘价和收盘价之间的距离。实体如果是黑色，就代表该交易时段的收盘价低于开盘价，实体如果是白色，就代表该交易时段的收盘价高于开盘价。

2. a

   【解析】实体上部以及下部的细线叫作影线。这些影线代表该交易时段中价格所达到的最高点和最低点。实体之上的影线叫作上影线，实体之下的影线叫作下影线。与之相应，上影线的最高点就是该交易时段的最高价，下影线的最低点就是该交易时段的最低价。

3. a

   【解析】如果实体的颜色是黑色，说明该交易时段内收盘价低于开盘价。此时黑色实体的顶部是开盘价，而上影线就是最高价和开盘价之间的距离。

4. b

   【解析】如果实体的颜色是白色，说明该交易时段内收盘价高于开盘价。此时白色实体的底部是开盘价，而下影线就是开盘价和最低价之间的距离。

5. b

   【解析】黑色实体表示该交易时段内的收盘价低于开盘价。黑色实体的顶部代表该交易时段的开盘价，底部代表该交易时段的收盘价。

6. b

【解析】白色实体表示该交易时段之中内的收盘价高于开盘价。在传统的日本蜡烛图表中，日本人在手工绘制蜡烛线图时通常用红色实体代替白色实体。然而，除非使用彩色打印机，否则红色实体和黑色实体都会变成黑色实体，这就是为什么我们描述实体时不使用红色和黑色，而使用白色和黑色。

7. d

【解析】在日本蜡烛图中，即便只是单根的蜡烛线也具备特定的含义。因此，判断市场活力的第一大重要线索就是蜡烛线实体的大小和颜色。日本技术分析师认为，实体代表价格运动轨迹的关键。通过观察蜡烛线实体的长度和颜色，我们就可以判断出多方和空方的力量对比，这是使用蜡烛图的一个关键所在。

8. a

【解析】收盘的时候是一个非常重要的时间段。收盘价往往被运用在很多重要的决策中。不妨想象一下，如果在周蜡烛线图中，收盘价高于上一周时的阻力线，这就意味着市场将会迎来大爆发并进入主升行情。收盘时刻也是市场参与者决定是否平掉现有仓位、继续持有当前持仓还是继续加仓的关键时刻。

9. 答案如图 1-3 所示：

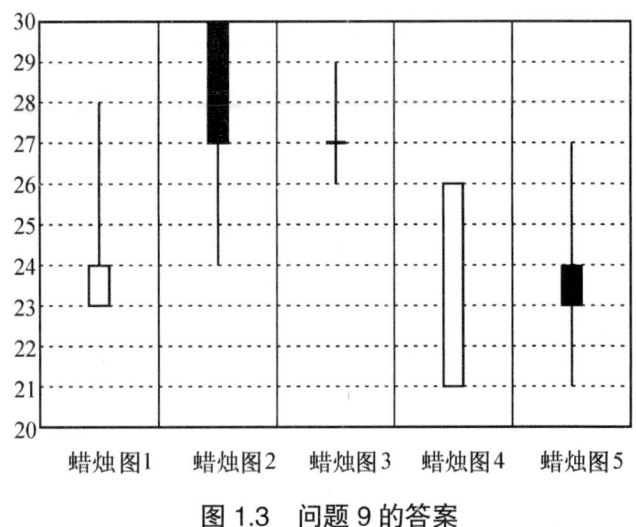

图 1.3　问题 9 的答案

10. a

【解析】白色的实体（或者空着的实体）意味着在该时段内收盘价高于开盘价。因此，白色实体的顶部表示的是该蜡烛图的收盘价。

11. b

【解析】黑色的实体意味着在该时段内收盘价低于开盘价，因此，黑色实体的顶部表示的是该蜡烛图的开盘价。

第三章　基本的市场策略

　　学会预先识别出市场上的潜在反转信号，对任何一个交易员或投资者而言，都是十分重要的技能。当您学习了蜡烛图的构造并且学会识别单根蜡烛线及其组合形态之后，就会体会到蜡烛图所传达出的市场反转预警信号是多么的及时而有效。实际上，蜡烛图所给出的许多信号都属于反转信号。

　　蜡烛图往往通过少数几根蜡烛线，就能传达出一个完整的市场反转信号，而不是像传统的棒线图那样需要很长时间才能把反转信号传达出来。运用蜡烛图分析技术，您能够迅速地把握住市场的每一次转向，从而以很快的速度和较高的准确度进行实盘交易。

在这一章中，我们将介绍基本的趋势反转，以及蜡烛图在其中扮演的重要角色。我们同时也将探讨趋势变化和反转之中衍生出的概念——支撑线价位和阻挡线价位，以及所有在这两个价位之间的重要突破以及收盘价格。

学习目标

◎ 了解蜡烛图如何在识别反转信号时扮演重要角色
◎ 能够根据蜡烛图及其组合形态确定支撑线与阻挡线
◎ 了解确认的重要性
◎ 了解收盘价在判断阻力线和支撑线的突破中扮演重要角色的原因

关键术语

◎ 趋势反转
◎ 向上趋势
◎ 向下趋势
◎ 整理
◎ 支撑线与阻力线
◎ 回撤
◎ 箱体震荡

课程学习

识别市场潜在的趋势反转信号的能力是优秀交易员所应具备的最重要能力之一。具备了解读蜡烛线及其组合形态的能力，那么您驾驭市场趋势的能力就能够成倍地提升。

在本章接下来的内容中,我们将深入探讨具体的蜡烛线形态及其蜡烛线组合形态,以及这些形态在上升趋势、下降趋势、趋势的各种变化和反转当中给出的种种市场信号。现在,我们先进行一个自上而下的整体概要。

在正式内容伊始,我们先讨论一下什么是反转趋势。有句日本谚语这样说道:"危险往往总是近在咫尺。"您只要看看电视上财经频道及网络上的消息,就能够发现交易员和投资者们总是把预先洞察市场在一波趋势中所能达到的顶部和底部这件事放在一个极为重要的地位。众所周知,人们在交易中一贯的目标就是先买低再卖高,如果是在做空交易之中就是先卖高再买低。

在图表分析中,西方经典技术分析的趋势反转形态通常包括三重顶部、双重顶部、三重底部、双重底部、关键反转日、头肩底、带柄圆弧底、岛型顶部(或底部)反转形态等。

虽然市场周期总是在上升趋势与下降趋势之间循环往复,高峰和低谷的出现司空见惯。但是应该记住的是,市场趋势并不会突然发生反转。实际上,趋势总是缓慢地发生反转的,它总是随着人们心理潜在的变化,一步一步地发生反转和变化。

请记住那句古老的市场谚语:"趋势是您的好朋友。"成功的交易总是跟目前的趋势保持一致(虽然很多人都这么说,但是做到并不容易)。趋势变化或者反转信号的出现,其实是对市场参与者心理变化的一种警示。它意味着广大市场参与者心理正在发生变化,作为交易者应该调整交易风格以适应市场环境的改变。

举例来说,如果您发现了一个市场反转信号,只有当这个信号与市场当前的主趋势一致时，您才能考虑买入新的仓位。如果您的股票原本处于强烈的上升趋势之中，接下来它停止涨势而出现了横盘整理态势，或者下降到了前期成交价格形成的支撑位附近。在这个时候您在蜡烛图上发现了一个看涨的信号。既然当前的市场主趋势是向上的，您就可以根据这个看涨信号来新买入一些仓位的股票。而在主趋势为下跌的时候，蜡烛图上出现看涨信号，这就是提醒您应该把空头头寸平仓的信号；或者说这是市场将展开短期反弹的警示，由于市场主趋势是下跌的，您正好可以利用此时的机会进行卖出操作。

> **关键要点**
>
> 当我说到蜡烛图中出现看跌或者看涨的反转信号，这并不意味着市场趋势马上会从下跌变为上涨（在下跌趋势的反转情况中）或者马上从上涨变成下跌（在上涨趋势的反转情况中）。这仅仅意味着，市场已经从原先的上升趋势变成中庸态势（在下跌趋势的反转之中）或者从下跌趋势变成不再下降（在上升趋势的反转之中）。换句话讲，出现这些反转信号代表价格出现反转的概率大大增加，但不一定马上就走向原趋势的反面。

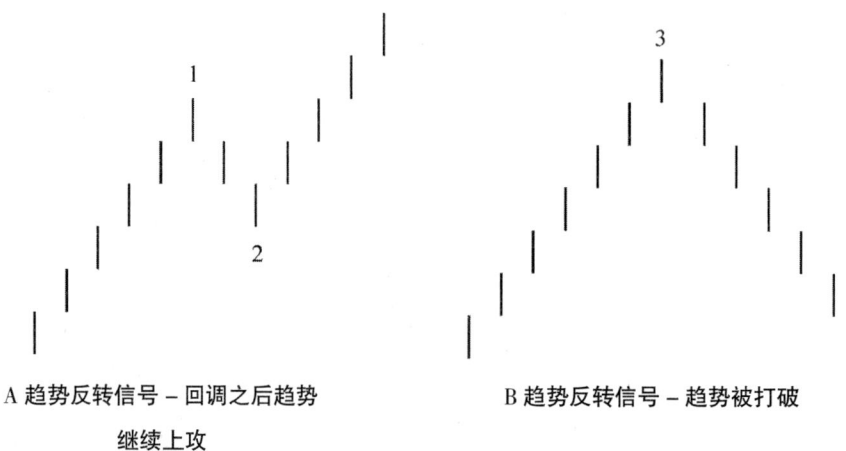

A 趋势反转信号－回调之后趋势继续上攻　　B 趋势反转信号－趋势被打破

图 1.4　顶部反转

市场趋势发生反转和转换，说明市场参与者的心理状况发生了变化。如图 1.4A 所示，在一波强烈的上攻趋势中，多方力量正牢牢控制着市场行进的方向。每一根蜡烛线都踩着上一根蜡烛线节节进攻，积极看多的买方力量被表现得淋漓尽致，基本上买进了所有可以买到的股票卖盘，将 XYZ 股票的价格不断地推高。当市场出现价格回落或者横盘震荡的时候（如图中 1 到 2 处所示），多方就闪到了一旁，暂时采用持币观望的策略。稍加休息一段时间之后，多头力量再次对 XYZ 这只股票发动了猛烈的拉升。在这三次股票价格变动之中，市场也相应发生了三次心理变化。

在图 1.4B 之中，同样的多方力量把 XYZ 这只股票拉升到了高位，推动价格到达 3 的位置（当然，这个时候我们并不知道这就是顶部，直到后来的几个时间段里股票价格出现下跌之后才能发现此处是顶部）。持有多头仓位的投资者们此时可能会再一次平仓了结，让部分或者全部的利润落袋为安。而这一次，回撤变成了趋势的彻底反转，接下来的走势之中只有下跌。

图 1.4 中的 1、2、3 这三个点构成了趋势的反转，而在这个反转信号出现之前，我们并不知道价格走势的方向和幅度，而蜡烛图却能够作为发觉趋势变化的第一个信号。

除了观察可能发生的趋势变化外，一个关键的问题就是"支撑位和阻力位在哪里？"蜡烛图表中的支撑位和阻力位可以有很多种表现形式。它可能是由前期价格走势或蜡烛形态所形成的高点或低点构成的，也可能是由一些西方传统技术分析中的信号所构成的，如趋势线、移动平均线或者近期最高价与最低价这类更为基本的数据。

我们知道，市场经常会在到达或者临近前期价格走势中的高点结束上涨走势，也往往会在跌回前期价格低点形成的支撑位的时候开始一波反弹。如果蜡烛图上给出看涨信号从而对一条支撑线加以确认，那么接下来发生上涨的概率就会高于蜡烛图没给出信号确认支撑位时的情况。反之，如果蜡烛图在阻力位附近表现出看跌信号，那么价格走势转向下跌的概率也会相应增加。从这些事实中我们可以发现一个规律：蜡烛图信号在同一价格区域出现的确认信号越多——不管是蜡烛图或者西方传统技术信号或是二者的结合——那么出现趋势反转的可能性也就越大。就像图1.5中给出的例子，图中出现了一个叫锤子线的看涨信号（本书在随后的章节中会讨论到），对一条前期价格形成的支撑位起到了确认作用。

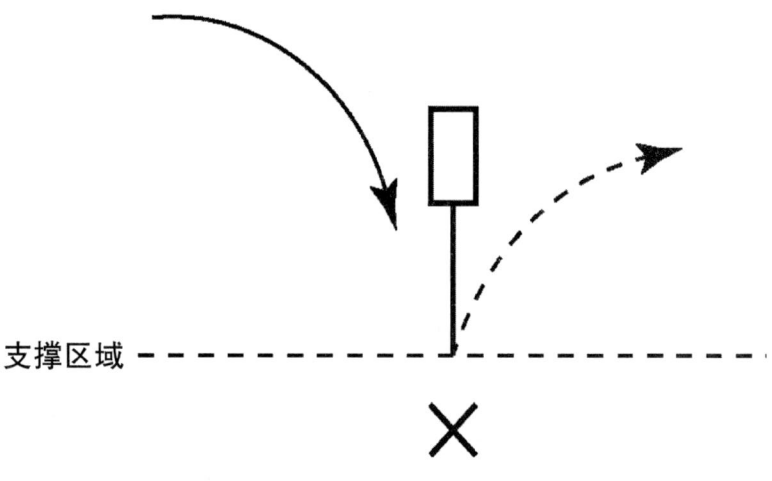

图1.5　蜡烛图信号确认了支撑线

在本篇的第一章中我们曾经谈到过市场每日收盘价的重要性。此时我们将对此做进一步的研究。日本人同大多数西方技术分析师一样，把股票的收盘价放在很重要的位置，特别是当收盘价击穿阻力位或者击穿支撑位时重要性尤甚。我们以这种思路来看一下，如果一只股票，其收盘价高过了前期的最高价位，这种现象的含义是市场参与者现在愿意为买这只股票付出更高的价格并且持仓过夜，这就意味着市场参与者在价格走势的问题上达成了一致的意见，而意见一致在金融市场的走势之中有着十分重要的作用。股票价格在盘中波动时偶然越过支撑位或者阻力位，其重要性与收盘价越过支撑位或阻力位相比要小得多。

比方说，您正在研究某一只股票的日线蜡烛图。假设在过去5个星期里，它一直在40~50美元的价格区间内横盘震荡。突然之间，多方对市场形成了决定性的影响，股票以53美元的价格收盘。您体会到这个收盘价的重要性了吗？这意味着人们非常乐意以更高的价格购买这只股票并持有之。市场中出现了对该只股票的全新需求。

补充知识

在支撑位和阻力位的分析方法之中，有着一个简单而且极为有效的技巧（不属于日本蜡烛图技术的范畴），我称之为"极性转换原理"。这个概念与技术分析中的一条核心原则所表达的意思如出一辙：从前的阻力位会转化成为新的支撑位，从前的支撑位会转化成为新的阻力位。虽然极性转换原理与这条原则并非完全吻合，但我坚信二者之间能够很好地相互诠释。在描述任何时间周期的图表中，您经常会发现如果市场穿过了一个反复被测试的阻力位，那么之前的阻力位就变成了新的支撑位。与此相反的情况是，如果股价跌破了支撑位，要想重新回到过去的价格水平将会变得极为困难，因为过去的支撑位往往变成了阻力位（参见图1.6）。

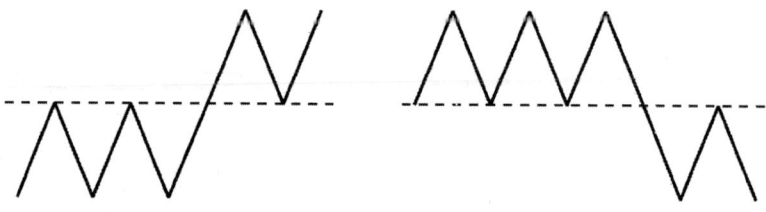

原来的阻力位变成新的支撑位　　　　原来的支撑位变成新的阻力位

图1.6　极性转换原理

反之，如果市场在某一时间段内出现了箱体震荡形态（西方人称之为整理形态），接下来某一天的收盘价跌破了这个箱体震荡形态所形成的支撑位，这代表多方在当前的价格水平上不愿意继续买入并持有该股票。空方力量正主导着市场前进的方向，市场可能会再次发生下跌，跌落到一个更低的价格水平。然而，如果代表这个时间周期的蜡烛图，其价格在盘中曾经跌破过支撑位，但是到了收盘的时候仍然回到了原来的箱体震荡区间内，这并不能算是看跌信号，这种形态的蜡烛图告诉您，多方在收盘前进入了市场，多头力量是如此的强烈，以至于足以在交易结束时把价格拉回到原先的箱体震荡区间内。

谈到这里您应该已经能够理解，蜡烛图在判断反转形态的过程中有着多么重要的价值，在这些反转形态之中的重要组成部分——支撑线和阻力线的分析中是多么的至关重要。

在下一篇，您将会学到被称为"纺锤线"以及"十字线"的蜡烛图形态，并体会到它们的效力有多么的强大。我们也将会讨论蜡烛图所反映出来的更加深入的信息——市场参与者的心理。对于一名交易员或投资者而言，准确解读市场参与者的心理是投资成功之道的关键所在。

能力测试

____1. 以下哪个选项描述得最正确?

    a. 所有的蜡烛图信号均是反转信号

    b. 大部分蜡烛图信号均是反转信号

    c. 所有的蜡烛图信号均是持续信号

    d. 大部分蜡烛图信号均是持续信号

____2. 蜡烛图表能够提供:

    a. 早期的反转信号

    b. 假突破的信号暗示

    c. 市场正在发生变化的暗示

    d. 以上都是

____3. 以下哪种西方经典技术分析工具可以应用于蜡烛图之中?

    a. 移动平均线

    b. 交易量

    c. 震荡指标

    d. 以上都是

____4. 在蜡烛图交易中,当日线蜡烛图中的阻力位被突破时,这意味着:

    a. 在阻力线区域之上收盘

    b. 在日内盘中击穿阻力线至少 1%

    c. 在日内盘中击穿阻力线至少 3%

    d. 收盘在之前蜡烛线实体之上

____5. 日语中所说的箱体震荡和西方技术分析中的哪个词表达的是同一个意思?

    a. 三角形态

    b. 上升三角形

    c. 整理形态

d. 看涨旗帜
6. 下列哪个选项错误?蜡烛图最好应用于:
   a. 成为单独使用的工具
   b. 日蜡烛线图
   c. 周蜡烛线图
   d. b 和 c

参考答案

1. b

【解析】这就是蜡烛图最突出的优势所在。蜡烛图往往是在一个交易日、两个交易日或者三个交易日就能传达出一个反转信号。有些情况下确实存在着持续形态，但是多数蜡烛图信号展示的是底部反转或者顶部反转。

2. d

【解析】蜡烛图突出的优势就是，我们可以根据单根蜡烛线或者几根蜡烛线的组合（可称之为蜡烛线组合形态），在一个、两个或者三个交易时段内就能够得出反转信号。我们也可以通过分析蜡烛图的外形来观察价格突破是否有效以及是否有持续性。比如，市场如果在创出新高时出现小小的实体或者十字线，这就是在提示我们多方目前不具有完全控制市场走势方向的能力。我们也通常运用纺锤线来判断市场趋势是否即将发生变化。

3. d

【解析】蜡烛图的一个重大的优点就是，所有的西方图表分析技术（如移动平均线、成交量等）都能够在蜡烛图中使用，因为蜡烛图和棒线图使用的原始数据（如开盘价、最高价、最低价、收盘价）都是相同的。

4. a

【解析】读者如果想判断阻力位价格的突破是否有效，那就应该审视一下市场的收盘价是否在阻力位之上。反过来说，如果想判断对支撑位价格的突破是否有效，就应该看一下市场的收盘价是否在支撑位价格之下。

5. c

【解析】箱体震荡与西方技术分析中的横盘或者整理形态描述的是同样的情形。这个名字的得名，是因为这些价格运动轨迹图非常类似"箱子"的形态。

6. a

【解析】蜡烛图分析工具与西方的技术分析工具二者双剑合璧时是最有效力的，可结合的技术分析工具包括趋势线、移动平均线和成交量等。

单根蜡烛线图

第一章　纺锤线和风高浪大线

在这个极为重要的篇章里，我们将重点关注单根蜡烛图(我们把一支蜡烛称为单根蜡烛图)。第一章里我们着重讨论纺锤线和风高浪大线。第二章分析十字线及其作用。在第三章里，我们将讨论看涨和看跌情况下的捉腰带线。

很多蜡烛图信号往往包含2根或3根蜡烛线，但是我们还是可以从单根蜡烛线中获得很多有价值的信息。不要认为单根蜡烛图很简单就小瞧它们：单根蜡烛线能够发出强烈的信号来告诉您，空头和多头之间谁能够赢得这场较量的最终胜利。

学习目标

◎ 能够解读蜡烛图中实体和影线背后市场心理

◎ 了解纺锤线和风高浪大线的识别和区分标准

◎ 当市场出现箱体震荡时,知道如何运用纺锤线和风高浪大线

◎ 了解锤子线和上吊线的区分标准

◎ 了解蜡烛图信号出现之前的趋势重要作用

关键术语

◎ 纺锤线

◎ 风高浪大线

◎ 锤子线

◎ 上吊线

◎ 流星线

课程学习

蜡烛图能够预先提供出趋势反转的信号,同时它们也会展示出趋势变化背后深藏的驱动力量。每一张蜡烛图几乎都是在向人们讲述着一个个关于市场情绪和市场行为的故事,那么现在我们首先来看从如何运用蜡烛图的实体来判断趋势的力量。

您或许还记得前面的论述中曾经说过,日本投资者认为蜡烛图的实体表现了价格运动的最关键部分。实际上,蜡烛图实体的长短,以及它们的影线,共同形成了您洞悉股票市场群众心理情况的独特工具。很显然,一个长长的白色实体说明了这段时间内,多头占据了市场主导地位。反之,一个长长的黑色实体,就表示空头当前对市场的影响力更强。然而如果蜡烛图的实体长度逐

渐呈现出收缩态势（无论黑色还是白色），这就是之前的趋势正在转强为缓的一个强烈信号。

纺锤线（见图2.1A）是一个非常生动形象的日本术语，它所描述的蜡烛线图有一个很小的实体（可能是黑色，也可能是白色）。纺锤线可能有上影线或下影线，某些情况下也可能没有影线。识别这类蜡烛图的关键在于记住它们最重要的特征：实体部分较为短小。随后您将学习到纺锤线是如何与其他单根蜡烛图形态一起，组成各式各样的蜡烛图形态组合，这些形态组合包括早晨之星、黄昏之星、孕线、锤子线、流星等。在本篇的第二章里，我们将讨论一个没有实体的纺锤线，它的名字叫作十字线。

关键要点

对于一个较小的实体来说，它的颜色并不重要。真正重要的东西是小实体所起到的预警信号作用，而不是颜色。

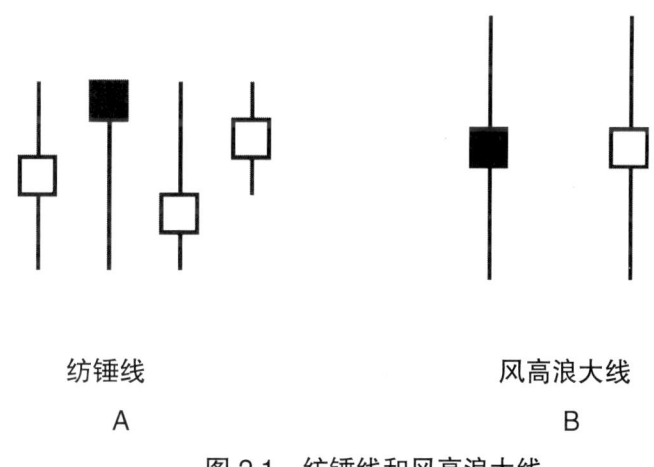

纺锤线
A

风高浪大线
B

图2.1 纺锤线和风高浪大线

一个小小的实体所代表的含义是，多方和空方已经在激烈的市场角逐中耗尽了力量，谁也没有能力一手遮天。每次当卖出压力(空方)拉动蜡烛线的实体向下延伸之时，买方力量(多方)就会发起上攻，从而使市场无法形成一个长长的黑色实体，而是形成了一条黑色纺锤线。在相反情况下，每次当多方的购买意愿渐渐增强，但股票的卖方力量(空方)马上展开反击，从而无法形成一个长长的白色实体。

纺锤线还有一个同胞兄弟，名曰风高浪大线(见图2.1B)。风高浪大线同样有着较为短小的实体，其颜色可能是白色也可能是黑色。被称为风高浪大线的必备条件是，这类蜡烛图不仅要具有矮小的实体，而且必须有长长的上影线和下影线。风高浪大线并不要求上、下影线的长短相同，但是不管是上影线还是下影线，都必须特别长。

如果说纺锤线代表的是多方和空方陷入了优柔寡断的状态，那么风高浪大线的含义就是市场已经彻底陷入了骚乱。从图2.1B中可以看出,市场上留下长长的上影线,这表示这个交易时段开盘之后，多方表现出了极强的购买力，一度把股票价格推到了很高的位置；而在同一时间段内，空方开始了大肆抛售,把价格打压到了极低的点位，但是到了收盘的时候,价格却几乎奇迹般地恢复到了临近开盘价的位置。这真是一场混乱的局面!

> **关键要点**
>
> 风高浪大线这个名称来源是，日本人把它比作一波浪花起伏很大的大海浪。由此，通过这个具体事物的比喻，我们可以再次体会到蜡烛线信号名称背后所蕴含的意义。

现在，我们把纺锤线和风高浪大线放到图表中一波上升趋势或下降趋势中进行分析。在一段稳定的上升趋势之中，市场会不断地向上攀升，然而蜡烛图在上升途中所呈现出来的形状，是判断这段上涨的稳定性和持久性的重要线索。长长的白色实体，就像是交通路口的绿灯，可以说明之前的反弹力量日渐强烈。然而，如果市场在上涨途中出现了实体部分较小的蜡烛线（无论黑色还是白色），这对多头力量而言就是一个明显的警示信号。这是因为实体部分如果较小就意味着多方没有能力完全把控住市场的走势，尽管此时的价格在上涨。这样的一条纺锤线，它正在提醒您不要再盲目地站在多头一方进行买进操作。当市场已经涨（跌）幅很大，或者接近前期阻力位（支撑位）的时候，这种纺锤线所发出信号的准确性也会更大，因为此时趋势的转换或者彻底反转已经是暗流涌动。

相反，如果您发现纺锤线出现在箱体震荡或是横盘整理形态之中，此时的纺锤线并不能作为一种趋势反转或者切换的信号。它仅仅说明市场只是要暂缓蓄势，积聚力量准备向上突破这个震荡区域，或者是向下击穿该震荡区域。由此可以看出，纺锤线和风高浪大线在横盘震荡的市场格局中，对交易决策并没有什么特别的指示意义。

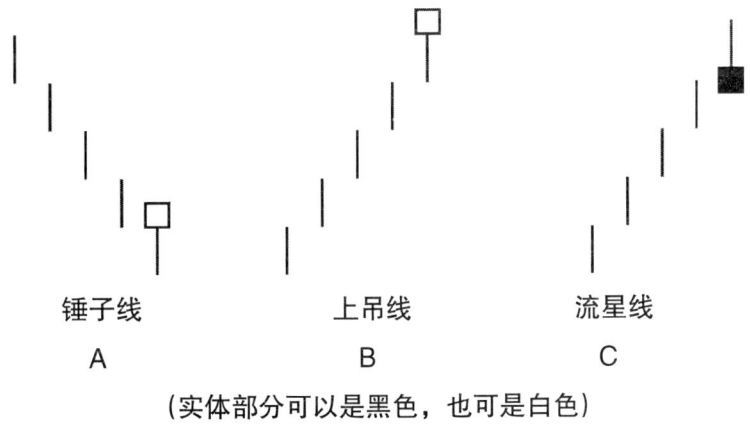

（实体部分可以是黑色，也可是白色）
图2.2 锤子线、上吊线、流星线

纺锤线同时也是构成另外三种蜡烛图形态的要素。这三种形态分别是：锤子线、上吊线、流星线，如图 2.2 所示。我们首先来研究一下锤子线和上吊线，因为它们的形状是完全相同的。随后，我们再去研究一下流星线。

锤子线和上吊线首先要具备较小的实体（可能是黑色，也可能是白色），而这些实体必须位于或接近整根蜡烛线的最高点。另外一个识别它们的标准是，必须具有很长的下影线（一般情况下长度至少是实体的 2～3 倍）。由于它们的形状完全相同，区分它们的关键点就在于看它们出现的位置是在上升趋势还是下降趋势中。在图 2.2A 中，您可以看到锤子线出现在一波下降趋势的底部。这个名字既简练又意义深远，锤子线——这就好像市场正在用锤子不断夯砸，从而构造出一个底部。上吊线（见图 2.2B）的形状与锤子线相同，只是它出现的位置是在一波上涨趋势之后。它常常出现在价格快要冲出这一波上涨趋势创出新高的时候。由于上吊线长长的下影线具有很大的看涨意义，所以一般要等到该时段收盘价之后，上吊线的蜡烛线形态彻底走出来，才能真正构成一个反转信号。

流星线（见图 2.2C）是一种顶部反转形态，跟上吊线较为类似。流星线具有长长的上影线和较小的实体，它的实体位于接近蜡烛线最低点的位置。我们可以看出它的形状就像是一颗带着长长尾巴的流星在天空中划过，流星线因此而得名。日本人往往认为流星线是一种"顶部的麻烦"。由于流星线那长长的上影线是一个看跌信号，所以我们不一定要像上吊线一样，需要等待其他的看跌信号对其进行确认。

如图 2.2C 所示，流星线是一个看跌的反转信号，所以它必须是出现在一段反弹行情之后。流星线实体的颜色既可以是白色，也可以是黑色。

> **关键要点**
>
> 上吊线有着一根有强烈看涨意味的长下影线，这或许让人认为这根蜡烛线是一个看涨信号。虽然这根有看涨意味的下影线确实看起来像某种积极的信号，但上吊线的实体部分非常短小，这就表明市场态度是犹豫不决的。这根长下影线更加强化了这种犹豫的味道，因为很明显，市场这段时间已经出现了大量的卖出行为。

流星线告诉我们，市场正在一段上涨趋势中节节攀升，并有可能逐渐出现超买状态，直到最后多方不再继续买入。当蜡烛图的开盘价就是当日的最低价或者非常接近最低价的时候，流星线形态就形成了。价格在上涨，但是多方的购买意愿并不能持续性地保持下去，空方力量开始逐步加强并促使价格回落。请记住，任何蜡烛图形态上只要出现较长的上影线，都表示卖出压力是很大的。

> **补充知识**
>
> 日本人对于伴随着长长的下影线和较小实体的蜡烛线有一个形象的名字：伞形线。在一个日本人写的书中曾经说到，这种蜡烛线的形状看上去像一把锤子。这本书继续写道："价位低时应该买入，价位高时应该卖出。"正如大部分其他的蜡烛图形态一样，理解这些文字需要极高的领悟能力。我后来推敲作者的本意，当锤子线在下降趋势中出现后，我们应该意识到股票后市将会看涨（即所谓的"应该在低价买入"），而锤子线在上涨趋势中出现后，我们则要意识到该股票后市将会看跌（即所谓的"应该在高价卖出"）。解读这些东方智慧真的是一个重大的挑战！
>
> （资料来源：《日本股票价格分析》，东京：日本技术分析师协会，1986年，第82页。）

在学习和复习不同的蜡烛图形态时，您可以感觉到每根蜡烛图都像是在向您讲故事。较小的蜡烛图实体表示市场情绪犹豫不决；长长的实体则代表某方的力量牢牢地控制着市场走向；上影线和下影线表示的是市场的抛盘压力和买进力量。毫无疑问，无论您是一个交易员还是投资者，读懂蜡烛图技术的确能够帮您实现投资的成功。

　　在本篇的第二章中，我们将介绍一种跟流星线颇为相似的蜡烛图形态，即所谓的墓碑十字线。当市场在一波反弹走势后出现了墓碑十字线时，这就要比流星线更具有预测效力。事实上，十字线是市场上一种极为重要的信号。

　　现在，请您试着回答下面的问题。答完后不要忘了阅读揣摩题后的答案。答案中包含的信息，可以让您获得更多的知识。

第二篇 单根蜡烛线图

能力测试

___ 1. 在日线级别蜡烛图中，长长的下影线表示：
   a. 到收盘时价格从高点被拉回
   b. 到收盘时价格从低处反弹上来
   c. 多方和空方势均力敌
   d. 多方控制市场

___ 2. 小实体蜡烛图的另一个名字是什么？
   a. 反击线
   b. 光头线
   C. 纺锤线
   d. 光脚线

___ 3. 纺锤线形态的实体应该是：
   a. 白色
   b. 黑色或白色
   c. 黑色
   d. 没有颜色，因为它是十字线

___ 4. 以下对于风高浪大线的描述中正确的是：
   a. 实体必须是黑色
   b. 实体必须是白色
   c. 风高浪大线必须有长长的上影线和下影线
   d. 风高浪大线必须有长长的实体

___ 5. 市场上出现风高浪大线意味着什么？
   a. 市场前景不明
   b. 多方控制市场
   c. 空方控制市场
   d. 多方和空方保持平衡

___ 6. 确认锤子线形态的必备条件是什么？
   a. 下降趋势

· 47 ·

b. 长长的上影线

c. 长长的白色实体

d. a 和 b 都正确

____7. 对于锤子线，以下描述正确的是：

a. 实体应该靠近蜡烛线的末端

b. 下影线应该超过实体的高度 1.5 倍

c. 它必须出现在持续横盘的形态中

d. b 和 c 都正确

____8. 锤子线实体的颜色应该是：

a. 黑色

b. 白色

c. 无色

d. 白色或黑色都可以

____9. 锤子线和上吊线的区别在于：

a. 实体的颜色

b. 上吊线没有上影线，而锤子线可以有长上影线

c. 锤子线或上吊线出现时所处的市场趋势

d. 锤子线适用于所有时间周期的蜡烛图，而上吊线只能适用于日线级别蜡烛图

____10. 使用下面所给出的内容(a~k)，回答下方标有 A 和 B 的两个问题：

a. 市场处于上升趋势

b. 市场处于下降趋势

c. 长上影线的长度至少是实体的 2~3 倍

d. 下上影线的长度至少是实体的 2~3 倍

e. 黑色实体

f. 白色实体

g. 无论黑色还是白色的实体

h. 上影线很短或没有

i. 下影线很短或没有

j. 长长的黑色实体

k. 长长的白色实体

A. 从以上的描述中选出 4 个属于锤子线的特征:____

B. 从以上的描述中选出 4 个属于流星线的特征:____

____11. 为什么上吊线需要一个别的看跌信号来确认?

a. 因为它的收盘价接近蜡烛图的高处

b. 因为它有较小的实体

c. 因为它有较长的下影线

d. 包括 a 和 c

____12. 上吊线的确认信号是:

a. 接下来的市场继续创出新高

b. 在接下来的蜡烛线上,收盘价低于上吊线的收盘价

c. 在接下来的蜡烛线上,收盘价高于上吊线的收盘价

d. 在接下来的蜡烛线上,开盘价低于上吊线的开盘价

____13. 以下蜡烛线只有一边有影线的是:

a. 风高浪大线

b. 流星线

c. 锤子线

d. 包括 b 和 c

____14. 流星线的实体是什么颜色的?

a. 黑色

b. 白色

c. 黑色或白色都可以

d. 没有实体，因为流星线必须是一个十字线

____15. 请选择两个关于流星线的界定标准：

    a. 下降趋势和长上影线

    b. 上升趋势和长下影线

    c. 上升趋势和长上影线

    d. 下降趋势和长下影线

____16. 如果我们将流星线和锤子线的影线结合起来，就可以得出一条：

    a. 大阳线

    b. 大阴线

    c. 风高浪大线

    d. 十字线

____17. 当我们发现一个实体部分较小的蜡烛线出现在前期的价格阻力位，这表明：

    a. 市场参与者还没有决定他们是否愿意为购买此股票付出更高的价格；一些持有该股票持仓的人可能会选择获利了结

    b. 处于法定节假日当中，市场上没有交易

    c. 震荡横盘形态正在加强

    d. 当前买方控制市场

____18. 一只股票原本强劲的上升态势出现减缓，随后展开一步一步地回调，最后形成了一个实体较小的蜡烛线，这可能意味着：

    a. 您可以不再考虑观察此股票

    b. 近期的下跌回调正在失去力量

    c. 应注意接下来市场可能反弹，因为可能恢复上升趋势

    d. 此时应该对该股票进行做空

____19. 以下哪两种蜡烛线的外表看上去完全相同：

a. 流星线与锤子线

b. 锤子线与纺锤线

c. 锤子线与上吊线

d. 以上答案都不对

____20. 图2.3画的是一系列的：

a. 流星线

b. 锤子线

c. 风高浪大线

d. 上吊线

____21. 在图2.3中，对于蜡烛线X，最好的应对策略是：

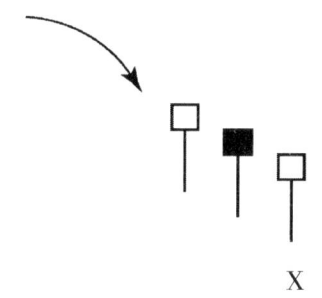

图2.3 问题20、21

a. 做多，因为它有一根长长的下影线，可作为做多信号

b. 做空，因为其具有长长的下影线

c. 持币观望，因为趋势向下，但是其长长的下影线说明市场多次从低点出现反弹

d. 做多，因为最后一根蜡烛线是白色的，并且具有长长的下影线

图2.4 问题22

____22. 在图2.4中,如果X是一根锤子线形状的蜡烛线,那么在X处市场最有可能展开上涨趋势的是哪个?

  a. 1

  b. 2

  c. 3

  d. 4

请看图2.5,并回答问题23和问题24:

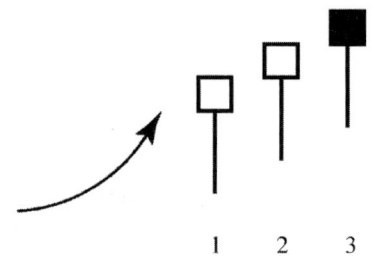

图2.5 问题23、24

____23. 这些蜡烛线图分别是什么信号?

  a. 锤子线

  b. 流星线

  c. 上吊线

  d. 风高浪大线

____24. 哪一条线表示的是卖出信号?

  a. 哪个都不是

  b. 第一条

  c. 第二条

d. 第三条

____25. 在图 2.6 中，哪个代表的是流星线？

   a. 1 和 2
   b. 2 和 3
   c. 1
   d. 4

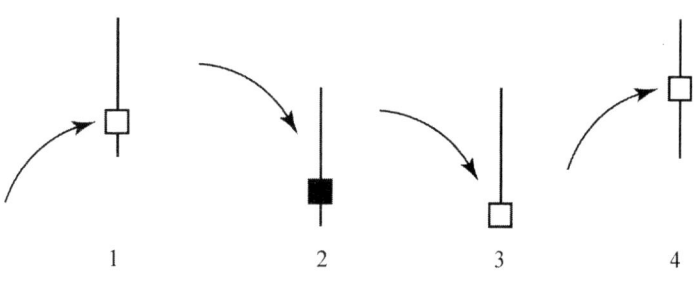

图 2.6　问题 25

____26. 在图 2.7 中，哪个代表锤子线？

   a. 3
   b. 3 和 4
   c. 全部都是
   d. 1 和 2

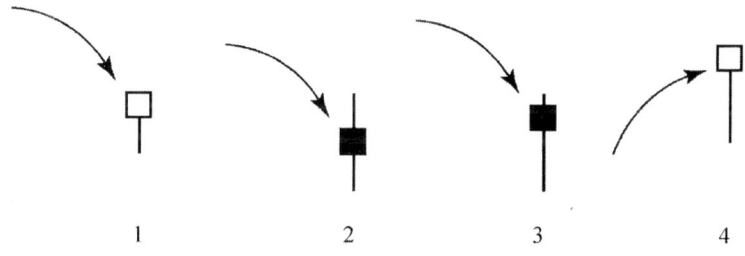

图 2.7　问题 26

参考答案

1. b

【解析】蜡烛图生动地描述了多方和空方在市场上的行为。一个长下影线意味着在当天的交易中的确出现过大量的卖出盘，但是到交易快要结束的时候，价格却从低点反弹了上来。这意味着以下两种可能的情况发生了：要么是空方主动撤退了，要么是多方准备了足够的资金重返市场，决定不惜一切代价要战胜空方。

2. c

【解析】日本人将实体部分极小的蜡烛图称为纺锤线。纺锤线的出现意味着市场正在失去现有的进攻势头和力量。例如，如果市场已经创出新高或者是即将创出新高——尤其是处于急速上攻的趋势后——纺锤线此时的出现就是一个重要的信号，表明多方在继续上攻的道路上遇到了阻力。这个信号正在警示您，之前的价格运动趋势已经停止。

一根蜡烛线的小实体没有能力让一波下降趋势突然转向反弹。但是，在价格构成支撑的同一区间内出现，却能够说明空方在此时无法继续将价格维持在低点，这将为一波可能发生的反弹奠定基础。

而如果是一群纺锤线出现在同一个阻力区间之内，那么也是同样的道理。这种情形如果发生的话，就意味着多方每一次上攻到该价格阻力位时，没能有充足的力量创出新高。这对于那些持有这只股票多头持仓的人来说，是一个重要的预警信号。

3. b

【解析】是否能够确认纺锤线形态（实体部分较小），并不是看其实体的颜色或者影线的长度。

4. c

【解析】同时具有长长的上影线和长长的下影线的蜡烛线，被称为风高浪大线。

5. a

【解析】风高浪大线的含义是，市场已经在多方与空方之间呈现一种相互拉锯的态势。当在一波下跌趋势或上升趋势中出现风高浪大线，这表明市场目前已经失去了确定的方向。这种市场方向的缺乏说明目前正在进行的市场趋势面临着巨大的挑战。

6. a

【解析】在临近蜡烛图低点或正好就在蜡烛图低点位置出现的具有长下影线的锤子线，往往会被理解为看涨信号。锤子线这个词告诉您，市场正在用锤子砸出一个底部，构筑底部形态。这同时意味着，价格底部已经被锤炼得非常坚固，就算是有一个锤子砸下去也不会对其造成破坏。当市场已经出现大幅下跌，或正处于一种超卖状态，此时出现的锤子线的预测效力尤其强大。换句话说，锤子线是一个成功概率极大的底部反转信号。也正因如此，它的前面需要有一波下跌趋势来作为其扭转的目标。尽管锤子线对于大幅下跌之后的反弹非常具有预测效力，但仍然值得一提的是，锤子线所带动的反弹出现之后市场往往会有大量的抛盘。因此，第一个锤子线出现之后的反弹往往会暂时失败，市场可能重返先前的趋势并测试一下锤子线的支撑能力。

7. a

【解析】锤子线必须具有一个较小的实体，并且位于蜡烛线的靠上位置。这表明在整个交易期间内，市场刚开始是发生了抛售现象，但之后在收盘的时候反弹了回来。

8. d

【解析】锤子线的实体既可以是白色，也可以是黑色。

9. c

【解析】从三个角度来区别锤子线和上吊线：出现之前的市场趋势、蜡烛线前面的趋势幅度大小、信号确认。

10. A. b、d、g、h

【解析】锤子线可以从四个方面来识别：①它的实体位于整个蜡烛线的靠上位置，颜色可以是白色也可以是黑色。②下影线至少有实体的两倍长度。③没有上影线或者上影线很短。④出现之前的市场正处于下降趋势。

B. a、c、g、i

【解析】流星线可以从四个方面来识别：①它的实体位于整个蜡烛线靠下位置，颜色可以是白色也可以是黑色。②上影线至少有实体的两倍长度。③没有下影线或是下影线很短。④出现之前的市场正处于上升趋势。

第二篇 单根蜡烛线图

11. d

　　【解析】上吊线具有较长的下影线，和一个位于整个蜡烛线靠上位置的较小实体。因此，该蜡烛线图代表了在交易期间有市场抛售卖单，而在抛售行为结束时多方发动了反攻，价格收于或接近收于这个交易日的高点。尽管上吊线那较小的实体说明了多方的上攻动力日渐乏力，但它的长下影线仍然说明市场的方向是向上的。正因如此，我们需要额外的看跌信号来确认这是一根表明下跌的上吊线。

12. b

　　【解析】看跌的确认信号是，次日蜡烛线收盘价位于前日上吊线实体的下方。其中道理在于，如果市场第二天的收盘价低于上吊线实体，那些在上吊线当天收盘价附近买入（许多交易行为发生在临近收盘时）的多头们，已经高位被套。这就是为什么我往往很乐意看到在市场创出新高时，或者上攻到前期高点附近时出现一条上吊线。在这种情况下，上吊线那天刚入场的多头们的持仓成本比较高，目前出现的下跌使他们非常紧张。接下来，这些新进入的多头们很可能会平掉手中的多头持仓，此时选择平仓是对付亏损的上策之选，而市场当然也会因此出现更多的卖单。

13. d

　　【解析】单边影线是在实体的上部或底部出现的一根长长的影线。因此，具有很长的下影线（如果它也符合其他判断标准）的蜡烛线就是锤子线。如果具有较小的实体，而顶端有较长的单边上影线的话，就是流星线。

14. c

【解析】流星线的实体既可以是黑色，也可以是白色。虽然有时候流星线的实体是白色的，但它的位置通常临近整个蜡烛线的底部。

15. c

【解析】因为流星线是一种极具看跌潜力的反转信号，所以它出现的位置必须是在一段上升趋势之后，流星线的上影线也应该至少是整个蜡烛线实体的 2 倍之长。

16. c

【解析】将流星线长长的上影线和锤子线长长的下影线连接起来，中间用一个小实体隔开，会得到一条风高浪大线。

17. a

【解析】一个较小实体的出现，不管是构成单根蜡烛线，还是将其放到两三根蜡烛线之中，都能说明市场已经陷入多空拉锯的状态，人们是否愿意以更高的价格购买这只股票，我们无从得知。

18. b

【解析】如果股票价格原本处在一波强烈的上升趋势之中，但您想有计划、有步骤地进行平仓时，您可以把蜡烛图中的较小的实体作为向上进攻力量正在衰竭的一个标志。

19. c

【解析】锤子线和上吊线具有同样的形状。二者的不同之处在于，锤子线之前应该是一波下降趋势，而上吊线之前应该是一波上升趋势。

20. b

【解析】锤子线出现在一波下降趋势之后，具有较长的下影线，较小的实体（可能是黑色，也可能是白色），位于蜡烛线的靠上位置，没有或者几乎没有上影线。所有的锤子线都要符合这些判断标准。

21. c

【解析】虽然经典的锤子线是一种效力极大的看涨反转信号，但这幅图告诉我们，同时研究单根K线之前的价格运动趋势也非常关键。在这个例子中，市场正在连续下跌，每天收盘于更低的价格，并且短期内都持续着下跌趋势。但在此出现了多个锤子线说明市场拒绝在价格下跌之后继续杀跌。因此，市场的下跌态势让我们不敢买入，但锤子线的看涨效力却让我们停止抛售行为。因此，在这种情况下，最好的对策是冷眼旁观、伺机进场。

22. b

【解析】在图2中，我们可以看到锤子线与前期的低价位相互确认，共同构筑了一个意义非凡的支撑位。这增强了市场从这里展开一波反弹的概率。这就暗示了市场将从这一时期开始出现反弹的可能性。图1和图4并不是锤子线。因为锤子线出现的位置必须是在一波下降趋势之后。图3的锤子线很有可能是潜在的看涨信号,因为市场呈现出超卖态势,相比而言图2处的锤子线获得了支撑,所以对反转更具预测意义。

23. c

【解析】同时具备较长的下影线、位于这个蜡烛线顶端的较小实体、出现位置处于上升趋势之中,满足以上条件即可构成上吊线。

24. a

【解析】虽然这些都是具有预测看跌意义的上吊线,但是这种看跌需要别的看跌信号与其相互确认,即次日收盘在上吊线实体之下。由于没有形成这样的收盘状态,我们没有得到任何卖出信号。

25. c

【解析】流星线形态是否成立取决于以下判断标准:在一波上升趋势之后出现一个较小的实体,几乎没有下影线。唯一符合这些标准的是图1。

26. a

【解析】锤子线必须拥有较长的下影线(至少是蜡烛线实体部分的两倍长)、一个位于整个蜡烛线上部位置的较小实体、几乎没有上影线。锤子线还必须出现在一波下降趋势之后。图3完全符合这些标准,图1没有足够长的下影线,图2的上影线太长,图4出现在一波上升趋势之后,而不是出现在一波下降趋势之后,因此图1、图2、图4都不符合标准。

第二章 危险的十字线

在这一章我们将深入讨论一种强有力的单根蜡烛线,这就是十字线。在蜡烛图技术当中,十字线是一个非常重要的角色。当一波向上的趋势中出现了十字线的时候,尤其是同时位于一个前期的阻力位区间之时,那么这个十字线就可能是一个代表趋势即将发生重大变化的反转信号。自然而然地,在十字线之后出现的蜡烛线,有着对趋势的转变进行有效确认的作用。

事实上,十字线在传达市场反转信号方面的作用可以从一位内科医生写给我的一封信中找到共识。他在信中写道:"作为一名内科医生,我非常感谢蜡烛图这种简洁而有效的分析工具。它们如同我手中的听诊器一样，法简效宏，在诊断当中起到了至关重要的作用。蜡烛图给我提供了一种非常棒的技术分析方法，来帮助我诊断所持仓的股票的健康状态。"

学习目标

◎掌握十字线的定义
◎了解不同类型的十字线的识别标准
◎了解当十字线出现在上升以及下降趋势之中的重要意义
◎掌握形成于箱体整理之中的十字线的理解

关键术语

◎十字线
◎蜻蜓十字线
◎墓碑十字线
◎北方十字线
◎南方十字线

课程学习

日本的技术分析师们赋予十字线极为重要的意义。特别是当市场已经经历了一波接近完成的上升趋势之时，若此时出现十字蜡烛线，不管出现的是单根还是两条或是三条同时出现，都是在警示您当前的市场随时可能出现反转。

十字线是某个交易时段内，开盘价和收盘价处于同一价位时形成的形态。这种特殊的形态使它看上去像个十字架。十字线所暗含的意义是市场的供给与需求基本上完全平衡，这一点和纺锤线非常类似。这种形态说明了市场目前对未来的方向犹豫不决，就像在岔路口上，它通常可以理解为预示先前趋势的动力正在衰竭的早期预警信号。

十字线形态形成的条件是必须开盘价和收盘价相同，但是这个规则也需要灵活掌握。当开盘价和收盘价之间的差别特别微小的时候，您还是可以把这根蜡烛线当成是十字线。

您可能听说过这样一句俗语："沉浮于股票市场，最讨厌的事情就是不确定性。"而十字线就是不确定性的同义词。读者要意识到出现十字线其实是一种有力的警示，意味着由多方建立起来的攻势基础可能会很快烟消云散。

当十字线出现于市场趋势的顶部（特别是在一根较长的白色蜡烛线之后）之时，它的预警作用十分明显，但是如果它们在一波下跌走势之后在市场底部出现的话，那就可能会失去作为信号的预警效用。在一波上升趋势中出现的十字线具有预示市场可能下跌的作用，这是因为它的出现说明市场在方向选择方面的态度变得犹豫不决。反过来的情况是（在一波下跌趋势之后出现了十字线），当市场收盘价高于十字线的最高价，这就说明多方极有可能已经重新获得向上拉升的攻击力。

虽然在一个向上进攻的市场中出现十字线，就传递了一个市场正陷入颓势的信号，但是，当十字线出现在一波下降趋势中，却并不一定意味着已经到了市场的底部，此时我们必须同时借助其他西方技术分析工具，以及相对可以确定的宏观环境因素，才能评估出市场是否已经开始构建底部形态。为什么会这样？请不要忘记，十字线意味着市场当前在方向选择上的态度是犹豫不定的。

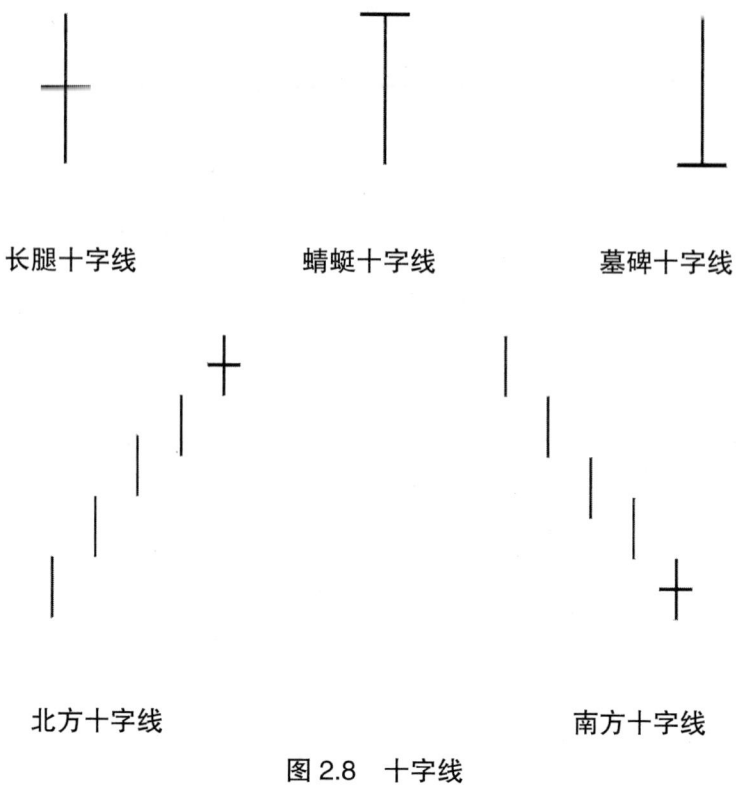

图 2.8 十字线

在一个超卖态势的市场当中，犹豫不定和不确定性极有可能是新一轮暴跌再次出现之前的蓄势。

人们根据一根蜡烛线上的开盘价和收盘价的位置不同，给某些种类的十字线起了生动的外号。这些十字线仍然是趋势反转的信号，但它们所暗含的看涨与看跌的程度更深一步。这些特殊的十字线包括蜻蜓十字线、墓碑十字线、北方十字线和南方十字线等。图 2.8 所示就是这些特殊的十字线的例子。

如果交易时段的开盘价和收盘价位于或者接近蜡烛线的顶部位置，就形成了蜻蜓十字线。蜻蜓十字线有着看多的市场含义。它那长长的下影线说明，市场在盘中曾一度下跌得非常猛烈。但多方力量也非常强烈，它将价格又拉了回来，让股价收盘于(或者非常接近于)这根蜡烛线的最高价位置。如果您把这根蜻蜓十字线当成一根没有实体部分的锤子线，那您的判断可以说是非常正确的。

当您发现在一波由大量抛盘所导致的下跌趋势之后，出现了一条蜻蜓十字线，那就需要多加关注了。一般情况下，在下跌趋势中出现十字线并不是特别重要，但是如果是蜻蜓十字线在这种情况之下出现，那就应该引起重视了。

跟蜻蜓十字线相反的十字线形态是墓碑十字线，您在图2.8之中也可以看见它的样子。墓碑十字线的最低价、开盘价和收盘价都是位于蜡烛线的最底部。单看墓碑十字线的外形，您就可以知道它为什么叫这样一个名字，因为它看起来的确像一块墓碑。

关键要点

十字线在图表中出现的频率越小，它的影响力就越发重要。如果大量的十字线频繁地出现在某一张技术图表中，就不必把一个新出现的十字线看得太重要。

墓碑十字线的强大之处，在于它是一个重要的顶部反转信号。请想象一下，在一波上升趋势中，市场逐渐进入超买状态，在市场上出现了越来越多的白色实体。也许此时只需稍微看一眼价格走势图表，就会发现前期新高所构成的阻力位已经近在咫尺，而就在这个时候，出现了一根墓碑十字线。市场开盘之后，多方曾一度将价格拉升到了很高的位置（由长长的上影线就可以看出来），之后又下跌到了整个蜡烛线最低价（和开盘价）的附近并在此收盘。这时候，空方最终把控住了市场前进的方向。如果下一根蜡烛线继续下跌，跌到了墓碑十字线之下，那么这个下跌形态就完全形成了。

补充知识

就像一句日本谚语所言："千万不要爬到树上捉鱼"。墓碑十字线有一个不吉利的名称，正如这个名字所示，它暗示着上升趋势很可能出现反转。但也不必赋予它更多额外的意义。尽管它具有较长的上影线，并且收盘价位于蜡烛线的最低价位置，更加可以说明一波趋势很可能出现反转，但是请记住，蜡烛图信号能够提供趋势反转或改变的早期信号，但它们并不能给出未来下跌趋势的目标位置。所以，即使在市场上出现了大量的墓碑十字线，也不能说明市场必然会下跌得非常猛烈。

自然而然地，如果墓碑十字线形成之后，接下来的蜡烛线向上拉升，并且收盘价在墓碑十字线之上，表现为一根较长的白色实体蜡烛线，或者表现为其他类型的看涨形态，那么这根墓碑十字线作为市场反转信号的作用就被大大减弱了。

为了将在上涨趋势中的十字线和在下跌趋势中的十字线区分开来，我把前者称为"北方十字线"，而将后者称为"南方十字线"。如果一根十字线既具备较长的上影线也具备较长的下影线，那我们就称之为"长腿十字线"。

就像在一个句子中的关键词一样，十字线只要满足一些条件的话，就是给投资者提供了一个适当的反转信号，这些需要的条件包括：把它放在出现之前的价格趋势中去理解、与其他技术分析工具相互形成确认、考虑该形态之后市场会发生的交易行为。

> **关键要点**
>
> 当市场经历了一波上涨并逐渐进入超买状态时，而此时有一根十字线出现在了一根长长的白色蜡烛线之后，日本技术分析师就会认为这个市场的攻势已经显现出了疲态。这是运用十字线的正确方法。一根十字线的出现，可能并不能说明市场马上就会出现反转，它仅仅是说明当前的市场已经非常脆弱，市场方向的改变只差压死骆驼的最后一根稻草。您可以使用十字线和之前的那根蜡烛线最高价的连线作为阻力线。如果市场收盘于这根阻力线之上，那么日本技术分析师就会认为多方力量已经重新振作起来了。

在本篇下一章中，通过研究那些代表看涨和看跌的捉腰带线，我们将会完成本书关于单根蜡烛线的所有讨论，以及它们长长的实体背后所暗含的信息。我们还将讨论这些蜡烛线形成的原因——其背后市场参与者的心理情况。

能力测试

___1. 十字线在一段交易时段之内具备如下特点：

    a. 开盘价和收盘价是一样的

    b. 产生的蜡烛线只有上影线

    c. 开盘价和最低价是一样的

    d. 形成的蜡烛线有一根长长的下影线

___2. 十字线传达了什么样的市场信息？

    a. 当前的市场属于横盘震荡行情

    b. 空方掌握了市场的前进方向

    c. 多方和空方势均力敌

    d. 多方掌握了市场的前进方向

___3. 如果一个纺锤线的实体非常小，那么它跟如下的图形就有相同的含义：

    a. 十字线

    b. 长长的黑色实体

    c. 长长的白色实体

    d. 以上都不是

___4. 对于蜻蜓十字线而言，____就是其开盘价、最高价和收盘价。

    a. 该蜡烛线的底部

    b. 该蜡烛线的中部

    c. 该蜡烛线的最高价

    d. 该蜡烛线中间的实体部分

___5. 在向上拉升过程之中出现的十字线，____是一个卖出的信号。

    a. 有时候

    b. 经常

    c. 从不

d. 以上都不对

____6. 对于墓碑十字线而言，____就是其开盘价、最低价和收盘价。

    a. 该蜡烛线的底部

    b. 该蜡烛线的中部

    c. 蜡烛线10%以上的部分

    d. 蜡烛线实体的中点

____7. 当一根锤子线的实体部分逐渐缩小，那么它最后就会变成：

    a. 蜻蜓十字线

    b. 倒锤子线

    c. 墓碑十字线

    d. 上吊线

____8. 当一根流星线的实体逐渐变小，那么它最后就会变成：

    a. 蜻蜓十字线

    b. 锤子线

    c. 墓碑十字线

    d. 以上都不对

____9. 一个长长的实体对于一根纺锤线而言，其作用可类比于____对于一根纺锤线。

    a. 倒锤子线

    b. 看涨捉腰带线

    c. 看跌捉腰带线

    d. 以上都不对

____10. 在一波上升趋势中的十字线被称为：

    a. 墓碑十字线

    b. 蜻蜓十字线

    c. 南方十字线

d 北方十字线

11. 北方十字线在以下哪种情况之下最能显现出效力？

  a. 该十字线位于横盘震荡趋势的中部位置

  b. 市场陷入超买状态

  c. 该十字线出现在一个阻力位的价位

  d. b 和 c 都正确

____12. 观察图 2.9 中的形态回答下列问题，请把答案填到空白之处。

  A. 以下哪个是墓碑十字线？　_____

  B. 以下哪个是长腿十字线？　_____

  C. 以下哪个是蜻蜓十字线？　_____

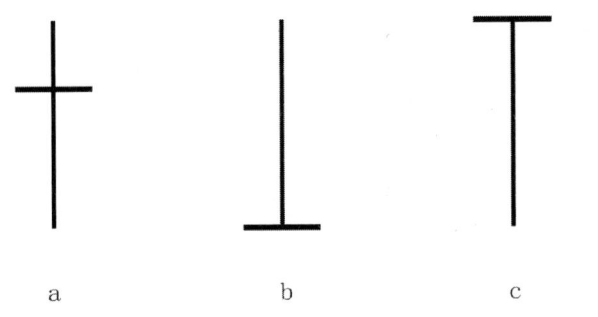

图 2.9　问题 12

____13. 图 2.10 所示为一根处于下降趋势中的十字线，交易者是否应该重视这根十字线？

  a. 是的，因为这根十字线正好对一根支撑线提供了确认

  b. 不是，因为十字线本身处于下降趋势中，所以并不重要

  c. 不是，因为十字线发挥作用最好是在相对中性的横盘震荡之中

d. 是的，因为十字线在短期下降趋势中效果最明显

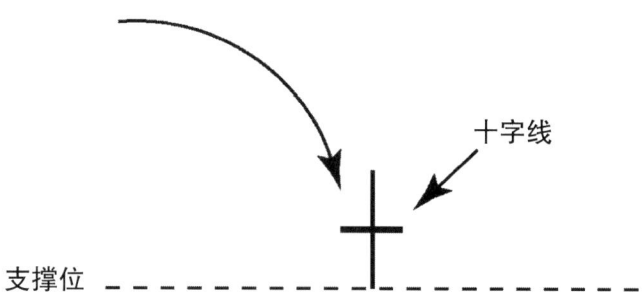

图 2.10 问题 13

____14. 图 2.11 所示为一根出现在长长的白色蜡烛之后的十字线。如果这是一幅日线级别蜡烛线图，那么在什么样的价格之下才可以被当作有效的多方看涨突破形态？

    a. 收盘价超过 2

    b. 收盘价超过 3

    c. 当天盘中交易价格曾经超过 3

    d. 收盘价超过 4

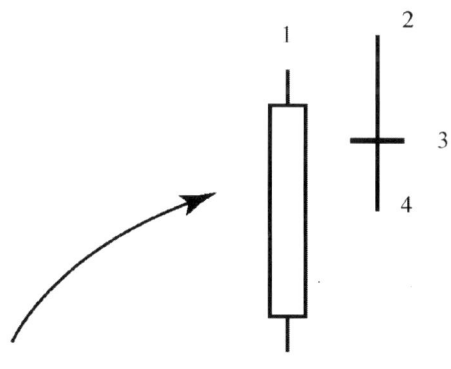

图 2.11 问题 14

15. 找出与图 2.12 中显示的图形相匹配的蜡烛图.

蜡烛图名称	图形代号
A. 上吊线	_____
B. 流星线	_____
C. 风高浪大线	_____
D. 锤子线	_____
E. 北方十字线	_____
F. 南方十字线	_____

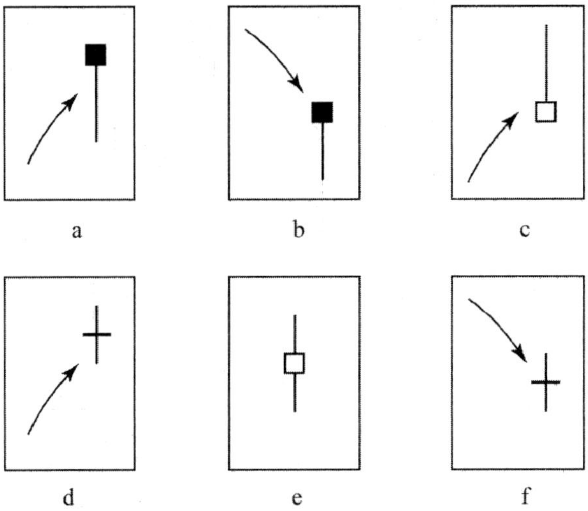

图 2.12　问题 15

参考答案

1. a

【解析】十字线的出现表明了市场正处于一次转变之中，同时，它也是单根蜡烛线中最为重要的一种图形。十字线在一个交易时段内没有出现实体，而只出现了一条水平线，因为十字线的形成依赖于开盘价和收盘价二者相同。在一波上升趋势之中，当您看到在一根长长的白色蜡烛线之后出现了一根十字线，那您就要提起十二分的警惕。无论这根十字线是被前面长长的白色实体包含在内，还是位于它之上，这都是值得交易者留意的。一根十字线意味着多方没有足够的力量让价格的上攻势头维持下去。在这种情形之下，市场已经变得疲惫不堪，随时有可能发生趋势的调整。

2. c

【解析】一根十字线说明了市场对接下来的行进方向犹豫不定。十字线出现的时候，市场在方向选择方面会变得非常敏感，回调随时都可能发生。对于十字线而言，它作为预测市场顶部的反转信号比作为预测市场底部的反转信号更加准确有效。

3. a

【解析】虽然十字线的形成意味着开盘价和收盘价处在相同的水平，但是如果纺锤线的实体足够小的话，它的作用与十字线基本上是一样的。您是否把这根非常像十字线的蜡烛线(比如，开盘价和收盘价非常相近，但并不是绝对相同)看成十字线？我推荐用这么一种方法，把这根非常像十字线的蜡烛线与最近的行情进行比较，如果最近的行情出现了一连串实体非常小的这种线的话，那么我不认为这根像十字线的图形具有什么重大的含义。因为最近一段时间有太多这种实体较小的线或十字线，只有在物以稀为贵的情况下它才具备重大操作意义。

4. c

【解析】蜻蜓十字线的特点是开盘价、最高价和收盘价同时位于蜡烛线的最高点位置。正因如此，它可能比一般的十字线有着更多的看多含义。蜻蜓十字线有着长长的下影线，这就说明市场在这一段时间里盘中发生过很大的抛售，但是接下来多方发动猛烈的上攻，最终将价格拉回到收盘价的位置，这一天的交易以这种状态结束。

5. a

【解析】一根十字线在以下两种情况下有更强大的预警意义：一是十字线出现在一波上涨趋势中，特别是如果市场逐渐步入超买状态效果更好；二是十字线出现在阻力位附近，它作为预警信号的效用就会更加准确。

6. a

【解析】墓碑十字线形态的确立，必须要求开盘价、最低价和收盘价同时位于蜡烛线的底部位置。所以，它作为市场看跌信号的意义比一般的十字线更强。如同它的名字所暗示的那样，这根特殊的十字线那长长的上影线说明了市场有着消极的预期。它告诉您市场开盘后上攻到这一个交易日的最高点，然后发生下挫，收盘时股价又跌回到了开盘价。

7. a

【解析】当一个锤子线的实体非常小，它就可能变成一根蜻蜓十字线，因为这个时候的开盘价、最高价和收盘价在这一个交易日之内同时位于蜡烛线当中较高的位置。结果，当锤子线的实体越来越小，并且到达蜡烛线顶部位置，市场以蜻蜓十字线的形成而迎来一天的收盘。

8. c

【解析】墓碑十字线形成的原因是这个交易时段内的蜡烛线的开盘价、最低价和收盘价都在同一个价位上。当一条流星线的实体接近这个交易时段的底部位置，并且它的实体消失时，就变成了一条墓碑十字线。

9. d

【解析】这个问题要求我们将各种实体相互进行对比。纺锤线的实体同一个较长的白色实体相比，通常算是较小的。同样的对比思路，十字线的实体与纺锤线的实体相比通常算比较小的。请读者记住，"纺锤线"可以算是那些实体较小的蜡烛线的别称。

10. d

【解析】和一波下降趋势中的十字线（南方十字线）相反的情况是，在一波上升趋势中出现的十字线，我们称之为北方十字线。以我的经验而言，北方十字线作为一个顶部反转信号的预警意义要比南方十字线在所谓的底部作为反转信号的意义要大得多。

11. d

【解析】当在横盘震荡行情的中部位置出现一根十字线的时候,我建议您不妨直接无视它。十字线跟很多其他蜡烛图信号一样,其作用是预示反转,因此就需要一个之前的趋势来供它扭转。如果当前的市场处于趋势很不明朗的态势(比如一个横盘震荡时期),也就是说没有可供反转的趋势,此时的十字线也就不具有什么实战意义。但是,如果在一波超买的上升趋势中出现了一条北方十字线,并且它非常接近前期压力位的话,那么它作为反转信号的意义可谓是非比寻常。记住这一点是非常重要的,您所捕捉到的用以确认一个阻力位或者支撑位的信号越多,那么反转的可能性相应也就越大。相应地,如果在一根压力线上出现了一根十字线,趋势改变的可能性就会比没有压力线的情况下更大一些。这一点告诉我们,我们必须把蜡烛线放在之前的趋势这个大环境中进行解读。在这个例子中,如果之前的市场处于横盘震荡行情,我们就不能使用十字线作为一个表示反转的信号。但是如果一根十字线是在一波上涨之后形成的,特别是如果这个十字线与一个前期的阻力位置形成了相互确认,那么它就有很大的可能性成为一个反转预警信号。

12. A. b

【解析】墓碑十字线的特点是开盘价、最低价和收盘价接近于交易日的底部位置,同时拥有一根长长的上影线。

B. a

【解析】长腿十字线有一条很长的上、下影线。它也叫作高浪十字线。

C．c

【解析】蜻蜓十字线的特点是开盘价、最高价和收盘价接近所处交易时段内的最高位置。它之所以叫作蜻蜓十字线，是因为它的形状好像蜻蜓这种昆虫一样，在它身体的顶部有很长的翅膀。

13．a

【解析】通常情况下，一根十字线如果出现在一波下降趋势中（南方十字线），那么它作为反转信号的预警效力并不如一根北方十字线那么强。不管怎么样，所有的蜡烛图信号必须放在整个市场趋势的大环境当中来观察其效用。这个例子中的十字线出现在潜在的支撑线位置。正因如此，这根十字线具较强的意义，应该对其加强重视。

14．a

【解析】因为这根十字线的高度是在2，我们使用一个处于这个价位之上的收盘价，作为一个看涨突破有效的界定标准。

15．A．a
　　B．c
　　C．e
　　D．b
　　E．d
　　F．f

【解析】略。

第三章 长实体蜡烛线：善讲故事者

在前面的章节之中，我们主要介绍了实体部分较小的蜡烛线。这些实体部分较小的蜡烛线说明了当前市场中的参与者处于犹豫不决的心理状态，尤其是当它们出现在支撑位和阻力位附近位置的时候，其指示性意义就更加举足轻重。

接下来我们将把研究重点放在实体部分较长的蜡烛线。具备较长实体的蜡烛线同样能够给出重要的信号，特别是当它们出现在支撑线或压力线附近的时候，其意义就更加重要。在本章的最后，我们将总结一下单根蜡烛线的上、下影线及其实体部分所反映出来的市场参与者的心理状态。

学习目标

◎了解长长的黑色实体或白色实体所暗含的市场参与者情绪

◎掌握看涨和看跌捉腰带线的形态及其含义

◎了解当捉腰带线出现在支撑位和阻力位附近时的重要意义

◎熟练运用捉腰带线提高资金管理技能

◎了解蜡烛线的上影线和下影线所具有的含义

关键术语

◎捉腰带线

◎看涨捉腰带线

◎看跌捉腰带线

◎开盘秃脚大阳线

◎开盘秃头大阴线

课程学习

出现在一波上涨或下跌趋势末期的实体部分较小的蜡烛线——甚至是出现于上升和下降趋势之中的蜡烛线——都可以表明一个含义，那就是多方和空方正处于难解难分的酣战之中，一时间难分胜负。可作为反转信号的实体部分较小的蜡烛线包括纺锤线、十字线、星线，它们的对立面是实体部分较长的黑色或者白色蜡烛线，日本人把这种实体部分较长的蜡烛线叫做"捉腰带线"。

如图 2.13 所示，看涨捉腰带线是一根较长的白色蜡烛线，其开盘价位于或接近于当日最低点，而其收盘价也接近或位于当日最高点。如果这种蜡烛线是出现在一波下跌的行情之中时，那么它预示着一波向上反弹行情即将出现；但是如果它出现在一波上涨行情之中时，则意味着多头目前仍然占有优势。

补充知识

日文中"捉腰带线"这个名称来源于相扑运动中的一个词"羚羊挂角"。意思是捉住对手的腰带，将其推出比赛场地之外。

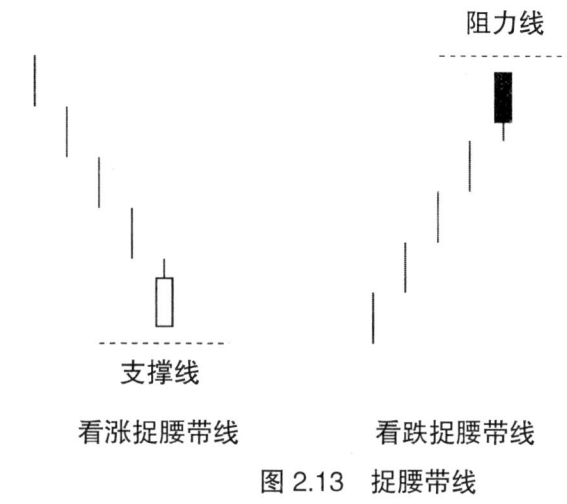

图 2.13 捉腰带线

如图 2.13 所示，看跌捉腰带线是一根较长的黑色蜡烛线，它的开盘价位于或接近于当天的最高点，然后高开低走，收盘于一个较低的价位。如果看跌捉腰带线出现在一波临近完成的上涨趋势之中，那么这就可能已经形成了一个顶部反转信号。

补充知识

俗话说："一根筷子易折断，十根筷子抱成团"，这句话也可以用在成交量和蜡烛线图上。成交量是研究市场情绪的一大重要工具。成交量放大是一只股票上涨或下跌的动力之所在，同时它也对趋势有着确认的作用。相反，如果一波上涨或下跌趋势仅仅是带着微弱的成交量，那么这波趋势往往会很快失败，其原因就在于，市场参与者对趋势的继续缺乏足够的信心。

看跌捉腰带线如果出现在阻力位附近，那么它就是一个效力强大的反转信号。这根蜡烛线开盘于阻力线或者临近阻力线的价位，开盘后价格就一路阴跌，最后收盘的时候下跌了很多个点，同时成交量也非常巨大。相反的情况是，一根看涨捉腰带线出现在支撑位附近，并且伴随着巨大的成交量，这就说明它已经引爆了一波强有力的上涨行情。要注意这种线的特点是伴随着巨大的成交量，并且收盘价位于当日最高价或最高价附近。

一般来说，捉腰带蜡烛线的长度越长，它作为一个技术信号的预测性意义也就越大。这一点非常有意义，原因在于市场最终的收盘价是在距离开盘价很远的相反方向，那么这根蜡烛线就说明多方（或空方）已经彻底控制了市场前进的方向。

请观察图 2.13 中的支撑位和阻力位，在即将触碰到支撑位或阻力位的位置出现了一条捉腰带蜡烛线，从而使这个价位的支撑（或阻力）作用得以确认。这是一个意义非凡的市场信号，因为它们共同出现并且相互确认，这就大大增加了市场发生反转的概率。如果最近的一段时间，捉腰带线不止一次地出现，但是出现得极其没有规律时，这也可能是在向您传达一个非常有意义的市场反转信号。

就像许多其他反转信号一样，看涨和看跌捉腰带线在投资者资金管理的纪律之中扮演了非常重要的角色。如果您现在持有一只股票的多头持仓，您的股票一直上涨得非常好。接下来，图上出现了一根十字线或者纺锤线，紧跟着又出现了一根看跌捉腰带线。这里的十字线就是在提醒您应该开始考虑减少您的多头持仓，而那根看跌捉腰带线则可以说是完全确认市场的反转已经发生了。它正在向您发出一个提示您马上全部平仓的信号，将目前的盈利彻底获利了结。

相反的情形是，市场目前正处于一波下跌趋势之中，而此时您手里正持有空头持仓。伴随着趋势下跌速度的逐步减缓，在前期低点形成的支撑位区域内出现了一根看涨捉腰带线，此时您就应该考虑将手中的持仓，至少是一部分持仓进行平仓，保住并且兑现属于您的那部分利润。

关键要点

当我们说到影线时，我们把蜡烛线之间的低点连成线，就形成了支撑位（或称支撑线），将蜡烛线之间的高点连成线，就形成了阻力位（或称阻力线），在棒线图上也可以画出相同的趋势线。此时，上影线的顶端和下影线的底端可以用来描绘趋势线。

在前面的两章里，我们一直研究的是蜡烛线实体的长短。而蜡烛线的上影线和下影线，或者没有上影线和下影线时，也具有重要意义的操作意义。在本篇的最后这个章节，我们将会深入解读一下锤子线具备较长的下影线以及流星线具备较长的上影线时的意义。锤子线如果具备较长的下影线，则表明在这根蜡烛线所代表的交易时段内的某一时间，市场曾经发生了大批量的抛售；但是在临近收盘的时候，市场几乎挽回了所有的损失，收盘于该交易时段的最高价附近。可以这么理解，长长的下影线生动地表明，市场拒绝接受更低的价格。而长长的上影线，如流星线，则形象地说明市场在向上试盘之后拒绝接受更高的价格。

同样地，当市场出现一根较长的白色蜡烛并且带有较长的上影线时，那根长长的上影线部分程度上抵消了这根长蜡烛的看涨含义。相应地，市场上如果出现一根带有长长下影线的大阴线，它长长的下影线则降低了它作为市场看跌信号的作用。所以说，当投资者进行技术分析的时候，既要考虑到实体部分，又要兼顾到上影线和下影线，不能以偏概全。

相反地，如果市场正处于之前走势中的较低价位或支撑线附近之时，那么价格很可能会走稳。此时，无论实体部分是长是短，许多下影线都是比较长的。这充分说明，每当价格下落到前期支撑位价格区间附近时，买方就会大量吸筹。作为交易员或者投资者，您应该密切关注这只股票是否会在此价位形成底部，并在它伴随较大的成交量突破阻力位时积极买入做多。

讲到这里，您已经领略了运用单根蜡烛线判断市场是多么的有效。而当这些蜡烛线出现在支撑线或者阻力线附近时，这些信号对于您的投资决策而言就有着更加重要的意义。

在下一篇，我们将学习一些由两根或三根蜡烛线组成的蜡烛形态。这些形态是判断市场反转的重要信号，它们的力量可谓强大得令人叹为观止。正如它们的伙伴——单根的蜡烛线一样，这些蜡烛线形态也有着非常形象的名字，如乌云盖顶、平头、红三兵。

能力测试

___ 1. 看涨捉腰带线是什么?
   a. 上影线较长,实体较长的白色蜡烛线
   b. 下影线较长,实体较长的白色蜡烛线
   c. 开盘价与收盘价相同,实体较长的白色蜡烛线
   d. 实体较长的白色蜡烛线,在接近当日最低价的附近开盘,并且收盘于接近当日最高价的价位

___ 2. 看跌捉腰带线是什么?
   a. 实体较长的黑色蜡烛线,在接近当日最高价的附近开盘,并且收盘于接近当日最低价的价位
   b. 上影线很长,实体较长的黑色蜡烛线
   c. 实体较长的黑色蜡烛线,跌破之前的横盘区域
   d. 实体较长的黑色蜡烛线,收盘在前日蜡烛线最低价之下

___ 3. 看跌捉腰带线在什么时候更加有意义?
   a. 当市场的主要趋势为横盘整理趋势的时候
   b. 当市场的主要趋势是上升的时候
   c. 当捉腰带线靠近阻力线附近的时候
   d. 当捉腰带线靠近支撑线附近的时候

___ 4. 捉腰带线的长度越长,则作为信号的强度:
   a. 越弱
   b. 越强
   c. 较晚
   d. 越不一致

5. 在技术分析时，一般由下面哪一项来决定支撑线的位置？

    a. 实体部分的最低点

    b. 实体部分的最高点

    c. 下影线的底部

    d. 上影线的顶部

____ 6. 实体越小，那么：

    a. 推动市场上升或下降的力量越强

    b. 市场从最低点反弹得越高

    c. 市场在高点卖出得越多

    d. 推动市场上升或下降的力量越弱

____ 7. 如果您现在持有 500 股 XYZ 股票的空头持仓，而后这只股票出现了剧烈的下跌，直到它跌到前期的低点，在这个支撑线上开始反弹，同时形成了一根看涨捉腰带线。对于此时的蜡烛图状况，您正确的做法应该是：

    a. 至少将持有的一部分空头持仓进行平仓

    b. 继续做空，做空得更多

    c. 等待标准普尔 500 指数创出新高

    d. 买入看跌期权从而套期保值

____ 8. 股价下跌时出现了一连串较长的下影线，那么它有什么作用？

    a. 增强了市场的看跌氛围

    b. 表明市场的需求相对于供给有压倒性的优势

    c. 表明市场的走跌显得相当勉强

    d. 以上答案均不正确

____ 9. 当分析单根蜡烛线时，您应当考虑：

    a. 仅仅是实体

    b. 关注上影线和下影线

c. 关注实体以及上、下影线

d. 关注实体和上影线

____10. 如图 2.14 所示，市场向我们发出了什么样的信号？

    a. 因为蜡烛线最高价节节上涨，所以市场将展开全面上涨

    b. 因为蜡烛线最低价逐渐走高，所以市场的趋势是略微下降的

    c. 市场呈现中性，多空力量基本持平

    d. 市场趋势的确逐渐走高，但由于上影线较长，所以仍然有必要保持谨慎

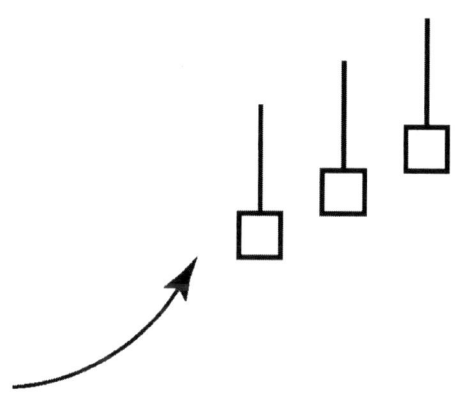

图2.14　问题 10

参考答案

1. d

   【解析】看涨捉腰带线是一根实体部分较长的白色蜡烛线，它的上、下影线较短，也可能根本没有上、下影线。

2. a

   【解析】看跌捉腰带线是一根实体部分较长的黑色蜡烛线，它的上、下影线较短，也可能没有上、下影线。

3. c

   【解析】当看跌捉腰带线出现的位置是在阻力位附近，它在接近阻力位的价位开盘，而在距离开盘价很低的位置收盘。它的出现确认了这个阻力位真的是个阻碍价格上涨的天花板，进一步增强了市场看跌的意味；这种情况说明在那个阻力价位附近抛盘较多、卖出压力过重。

4. b

   【解析】一般而言，捉腰带线越长，作为信号的效力也就越强。

5. c

   【解析】在蜡烛线图中，我们可以使用跟处理棒线图一样的方法画出支撑线和阻力线。所以，我们通过将蜡烛图最底部的下影线低点连成一条线，就得到了支撑线。这条支撑线和趋势线一样，都是在蜡烛图及线图中非常重要的方法。

6. d

【解析】蜡烛图一个最大的优点就是，它能迅速直观地告诉您目前市场的主导力量是多方还是空方。当市场上出现了实体部分较长的白色蜡烛线时，这就说明多方正控制着市场的方向，反过来如果出现了实体部分较长的黑色蜡烛线，则说明空方是市场的主导力量。而实体部分较小的纺锤线则说明市场正处于多空厮杀状态，方向不明朗表明之前的趋势正在失去继续前进的动力。

7. a

【解析】当在支撑线上出现看涨捉腰带线，如果您正持有这只股票的空头持仓并期望能够赚到利润，此时应该考虑将您全部或者至少一部分空头持仓卖出。

8. c

【解析】较长的下影线表明市场不愿意停留在较低的价位上。当出现一连串下影线较长的蜡烛线时，即使市场正在下跌，也能够说明空方力量不足以在市场上占据决定优势。

9. c

【解析】实体堪称蜡烛线身上最重要的部位，这是因为它说明了当前市场总体的供给与需求状况。尽管如此，影线部分也是十分关键的。举例来说，一根实体部分较长而没有上影线的白色蜡烛线，就比实体部分较长而上影线也较长的白色蜡烛线具有更浓厚的看涨意义。

10. d

【解析】图中最高价、收盘价、最低价均逐渐走高。尽管保持着持续走高的势头,但市场连续出现较长的上影线仍然在提醒我们多方没有能力将推动股价上涨的压倒性势头保持到收盘的时候。所以我们在保持市场将全面上涨这一观点的同时,必须在心里保持一份谨慎。

蜡烛线组合形态的威力

第三篇

第一章 孪生兄弟：刺透、乌云盖顶、吞没以及反击线

两根或多根的蜡烛线组合在一起，就构成了蜡烛线组合形态，这些组合形态在实战中具有比单根蜡烛线更强大的威力。正如日本技术分析师给单根蜡烛线起了各种令人印象深刻的名字一样，他们也给这些形形色色的蜡烛线组合起了很多非常生动的名称。这些生动的名字，形象地描绘出了蜡烛线组合形态背后那决定性的市场主导特征。以乌云盖顶形态为例，它由两个单根蜡烛线组合而成，这个名字就意味着市场很可能将在高位出现向下的反转，因为人们很自然地可以想到，当天空笼罩着乌云的时候，这就意味着暴风雨马上就要到来。

这一篇里我们将会介绍一些由两根或者三根蜡烛线

组成的形态。我们也会提到缺口这个概念，日本人将其称为不连贯的蜡烛线。

本章我们会讨论乌云盖顶形态、吞没形态、刺透形态以及反击线形态。如果能在一幅蜡烛图之中准确地将它们识别出来，那么它们就能成为有价值的交易信号，帮您识别出趋势即将发生的变化或者反转。把这些蜡烛图形态与西方技术分析工具结合起来，您就能更好地找到交易的买点和卖点，您的资金管理技巧也将大大增强。

学习目标

◎熟悉各种蜡烛线组合形态
◎掌握看涨的刺透形态的识别标准
◎掌握乌云盖顶形态的识别标准
◎了解看涨吞没和看跌吞没形态的威力
◎了解看涨和看跌反击线形态引起趋势快速变化的过程

关键术语

◎看涨刺透形态
◎乌云盖顶形态
◎看涨吞没形态
◎看跌吞没形态
◎看涨反击线形态
◎看跌反击线形态

课程学习

在前面的章节里面，我们已经感受到了单根蜡烛线的强大力量。这里我们首先解释一下为什么蜡烛线组合形态作为市场交易信号的效力比单根蜡烛线更为强大。

正如单根的蜡烛线能够发出反映市场健康状况的重要技术信号一样，出现在上升或下降趋势中的由两根或三根蜡烛线组成的形态组合，通常也能够说明趋势正在发生改变和反转。典型的例子就是，一个由两根蜡烛线构成的蜡烛线组合形态，先由第一根蜡烛线说明市场正在达到顶部或者下探到底部，然后由第二根蜡烛线确认第一根蜡烛线传达出的看涨或看跌信号。如果是由三根蜡烛线构成的蜡烛图形态，首先是第一根蜡烛线说明之前的趋势正在继续，而后由第二根蜡烛线传达出见顶或者触底的信息，最后用第三根蜡烛线来对反转信号的有效性进行确认。

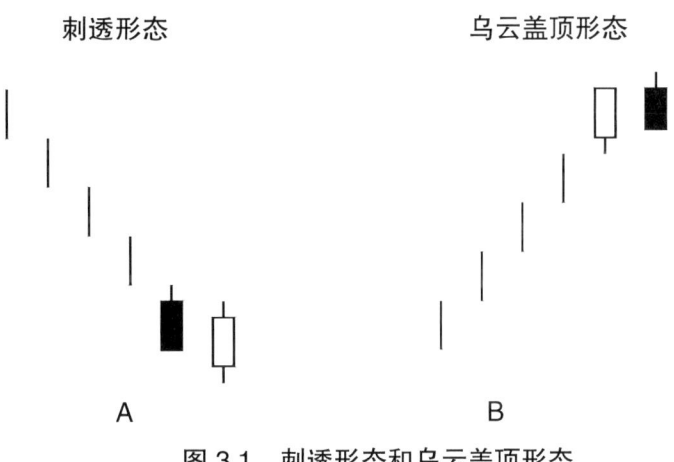

图3.1　刺透形态和乌云盖顶形态

首先，让我们来看一下"看涨刺透形态"（见图3.1A）。这个图形由两根蜡烛线构成，出现在一波下降趋势中。很显然，在下跌趋势中股票越超卖，这个信号的预测性意义就越强。看涨刺透形态的第一根蜡烛线是在下降趋势中出现的一个黑色实体，第二根蜡烛线是一根白色实体，这根白色实体向上穿入前面那根黑色实体，其收盘价位于黑色实体内部，最理想的状态是它收盘于黑色实体的中间位置以上。这根白色实体将这波下跌趋势"刺透"，市场上多方相对于空方具备压倒性优势。随后的价格变化将会对这个形态加以确认。

您可能会认为看涨刺透形态的对立面应该是看跌刺透形态。事实上，它的对立面的确是一个强有力的市场顶部反转形态，它的名字叫作乌云盖顶。

如图 3.1B 所示，乌云盖顶构成了顶部反转形态。在这种形态中，第一根蜡烛线有着非常坚挺的白色实体部分，第二根蜡烛线的开盘价高过了第一根蜡烛线的最高价（超过了第一根蜡烛线的收盘价也可以）。但是第二根蜡烛线收盘的时候，市场报收于接近当日最低价的价位，疲惫之态暴露无遗。在最理想的情况下，第二根黑色实体应该向下穿入第一根白色实体的中间位置之下。

这个饱含衰颓气息的图形，传达给我们的信号是空方已经完全压倒了多方。如果那根黑色蜡烛线收盘没有在前一根白色蜡烛线实体的中间位置以下，那就需要观察后面几天的图形，以便对多方力量衰败与否进行进一步确认。后面几天市场可能会出现更低的收盘价。

补充知识

如果您在寻求一个合适的做空时机，请密切留意这种时机：某个股票急剧拉升到达一个超买状态，进而上攻到前期压力位附近形成一个乌云盖顶形态。如果出现了这种情形，特别是伴随着巨大的交易量，您此时就可以结合其他技术分析工具及时下单做空。当然，如果下一根蜡烛线收盘于乌云盖顶的最高价之上的话，这就表示应该将空头持仓进行平仓。请务必时刻记住止损的重要性。

第三篇 蜡烛线组合形态的威力

我们现在举例演示一下，蜡烛图是怎样给出预示趋势变化的早期信号的，以及应该如何运用它来提升您的投资技术。如果您现在正持有一只股票的多头持仓，此时您发现在强劲的上涨趋势中出现了一根大阳线，您此时首先应该选择的立场就是坚持继续看多。而这只股票的下一根蜡烛线在更高的价位开盘，这就更加坚定了您看多的信念。然而到了收盘的时候，价格却向下穿入前一根蜡烛线的实体内部。这就传递出一个信号，表明股价的上涨势头难以继续，市场上股票的供给大于需求。这个时候，您原本看涨的立场就应该转变为谨慎持重，平仓获利了结是此时明智的选择。这是一个简单的例子，用以向您表明蜡烛图信号是如何提前给出反转信号，并且帮助您稳稳地锁定到手的利润。

接下来我们来研究一下看涨吞没形态，这个形态由两根蜡烛线组成，如图 3.2 所示。如同刺透形态一样，看涨吞没形态一般出现于一波下跌行情或是下降趋势末期的位置（见图 3.2A）。市场之前正处于下降趋势之中，然后出现了一根黑色蜡烛线，紧接着出现了一根白色蜡烛线，这根白色蜡烛线的实体把前一根蜡烛线的实体完全包裹了起来（日本分析师有时也把这样的蜡烛线称为"抱线"，通过字面不难看出命名的原因）。因为白色实体的开盘价低于前一天黑色实体的收盘价，而且它的收盘价高于黑色实体的开盘价，所以我们可以看出市场上买入的力量已经战胜了卖出的力量。如果此时大盘环境平稳的话，看涨吞没形态最低价的位置应该已经能够起到支撑作用了。还需要强调一点，根据此形态买入的投资者，应该将这笔交易的止损点设定在低于该形态最低价的位置。

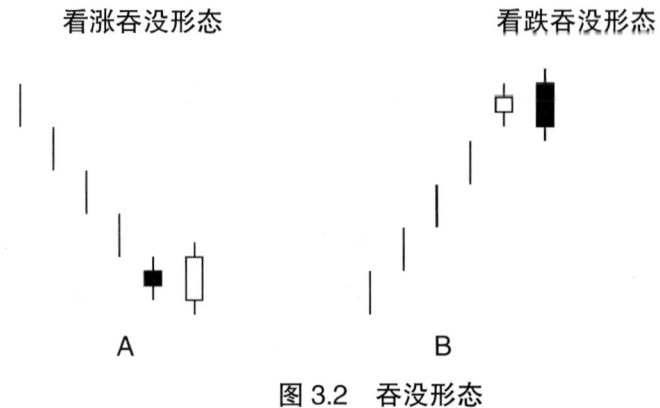

图 3.2 吞没形态

看涨吞没形态的对立形态是看跌吞没形态，它出现的位置是在一波上涨行情之后。一根白色蜡烛线的实体被接下来的一根黑色蜡烛线的实体吞没，说明市场已经到了顶部，马上就会发生反转。如图 3.2B 所示，后边那根黑色实体的蜡烛线跳空高开，开盘价高于前一天白色实体的收盘价，开盘后价格回调，当日的收盘价低于前一日的开盘价——这就说明看跌信号出现了。市场变成这个态势，意味着卖方力量已经远远超过了买方力量。很明显，空方已经从多方那里将市场行进方向的主导权抢了过来。如果市场同时较为弱势的话，那么这个看跌吞没形态的最高价位置就应该已经是一条阻力线了。

> **关键要点**
>
> 当您发现了看涨或看跌吞没形态时，您也许会认为这两种形态颇为神似西方技术分析中"反转日"或"分离日"形态的概念。您的这种想法是正确的。在经典的西方技术分析中，如果在一波上升趋势中股价创出了新高，并且紧接着出现了一个关键反转日或分离日，而后股价开始下降，并且该日的收盘价低于前一日的收盘价，这样一来就产生了一个下跌信号。反过来也是同样的道理，在下降趋势中，反转日这一天开盘的时候股价创出新低，而后却在前一日开盘价的上方收盘。

关键要点

在看涨和看跌吞没形态中，只要求前一根蜡烛线的实体被吞没即可，影线并不必须要求被吞没。

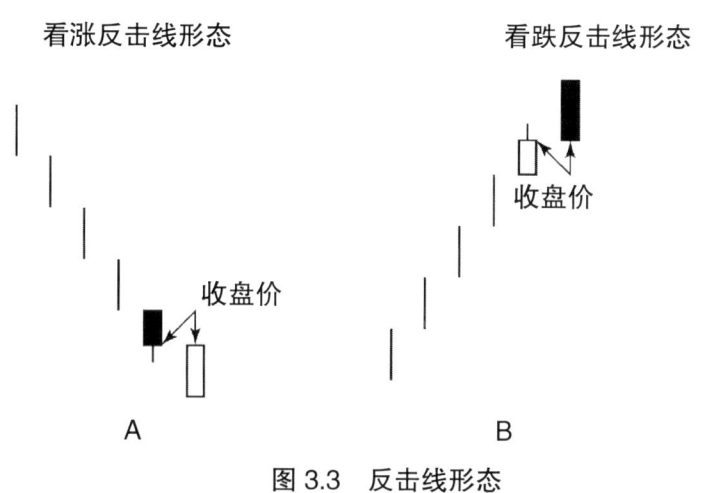

图3.3 反击线形态

我们接下来将学习另一种形态——反击线形态。如果两根颜色相反的蜡烛线具有相同的收盘价，那么这就形成了一个反击线形态。

看涨反击线形态出现在一波下跌行情之中。如图3.3A所示，该形态中的第一根蜡烛线一般都是阴线。下一根蜡烛线的开盘价处于较低的位置，这种走势让空方颇为得意。突然，多方力量发动反攻，把股价直接推高到了前一天的收盘价位置并在此位置附近收盘，下降的趋势到此戛然而止。

看涨反击线形态与看涨刺透形态比较类似，但它们之间也有些区别。区别在于，看涨反击线并不把价格向上拉升到前一天蜡烛线的实体内部，而仅仅是涨到前一天的收盘价的附近。看涨反击线的第二根蜡烛线没有足够的力量把价格上涨到前一天实体的内部位置，这表明它也许不像看涨刺透形态那么具有威力。虽然如此，对于看涨反击线形态我们还是应该给予足够的重视，因为它表明多方和空方之间对市场的控制权正在发生转换，而这种转换对股票来说往往具有至关重要的意义。

在看跌反击线形态中（见图3.3B），第一根白色的蜡烛线说明多方正意气风发地引领着整个市场的方向。第二根蜡烛线的开盘价跳空高开盘，接下来空方大举杀进市场进行反击，使得价格下降到了前一天的收盘价附近。多方对此种情景大惊失色，原先的凌厉攻势显然已经荡然无存，他们对市场方向的把控地位已经变得岌岌可危。

您可能已经发现了，看跌反击线形态与乌云盖顶形态较为类似，但是那根黑色的反击线并没有穿进前一天白色实体的内部，而是只回落到了前一天蜡烛线的收盘价附近，很显然市场以乌云盖顶的形式发出了一个顶部反转信号，这个信号比看跌反击线要强大很多。即便如此，看跌反击线的作用还是不容低估，无论何时，只要股票的供给超过需求，股价走势的格局就会被重新定义。

第二天的开盘价同第一天相比，跳空缺口越大，看跌反击线作为反转信号的警示性意义就越大。这个态势说明市场本来已经沿着固有的趋势向前行进了一大步，但是接下来却发生了180°的惊天大逆转，收盘于前一天的收盘价的位置。换句话说，价格被高高地抬起来，但是哪儿来的又会回到哪儿去，价格最终被狠狠地砸了下来。

您不妨想象一下，一波下跌趋势之后出现的反击线形态，其中道理几乎没有什么不同。说到这里您应该明白，为什么由两根蜡烛线组成的看涨和看跌吞没形态、看涨刺透形态、乌云盖顶形态，以及看涨和看跌反击线形态都是极为重要的技术分析工具。某种强烈的主导力量原本推动着价格向某个方向发展，但这种主导力量猛然之间发生了逆转。在供给和需求的切换之中，价格转向相反的方向发展。

在本篇下一章里我们将探讨更多的由两根蜡烛线所构成的预示趋势变化的蜡烛图形态。现在先回答下面的问题，然后对照答案进一步理解和掌握上述讨论的几种蜡烛图形态。

能力测试

____1. 从下列选项中，选出刺透形态的三个条件：

    a. 上升趋势

    b. 下降趋势

    c. 第一根蜡烛线是黑色的

    d. 第一根蜡烛线是白色的

    e. 第二根蜡烛线是黑色的

    f. 第二根蜡烛线是白色的

____2. 从第一题的几个选项中，选出乌云盖顶形态的三个条件：

____3. 如果刺透形态的第二个实体穿入第一个实体的程度越发加深，它会变成：

    a. 启明星形态

    b. 十字星形态

    c. 乌云盖顶形态

    d. 看涨吞没形态

____4. 与乌云盖顶形态相反的形态是：

    a. 看跌吞没形态

    b. 看涨吞没形态

    c. 刺透形态

    d. 锤子线

____5. 刺透形态类似于看涨吞没形态，正如____类似于看跌吞没形态。

    a. 看跌反击线形态

    b. 看涨反击线形态

    c. 看跌孕线形态

    d. 乌云盖顶形态

____6. 下面关于看涨吞没形态的描述哪一项是正确的？

a. 第二根蜡烛线的白色实体需要覆盖第一根蜡烛线的影线

b. 第二根蜡烛线的白色实体需要覆盖第一根蜡烛线的黑色实体

c. 第二根蜡烛线的黑色实体需要覆盖第一根蜡烛线的黑色实体

d. 第二根蜡烛线的白色实体需要覆盖第一根蜡烛线的白色实体

____7. 从下面的选项中选出看涨吞没形态的两个主要应用场景：

①作为看涨持续信号

②作为底部反转信号

③作为支撑线

④作为阻挡线

  a. ①和②
  b. ②和③
  c. ③和④
  d. ①和④

____8. 组成看涨吞没形态的两根蜡烛线包括：

a. 两个相同颜色的实体

b. 一个黑色实体，紧跟其后一个白色实体，并处于下降趋势中

c. 一个白色实体，紧跟其后一个黑色实体，并处于下降趋势中

d. 两个处在下降趋势中的白色实体

____9. 乌云盖顶形态相对于刺透形态而言，就像____相对于看涨吞没形态。

a. 看跌吞没形态

b. 黄昏之星

c. 看跌反击线形态

d. 看涨反击线形态

____10. 看跌吞没形态和乌云盖顶形态最明显的区别在于：

a. 看跌吞没形态的第二个实体覆盖了前一个白色实体，但是乌云盖顶形态的第二天的收盘价只是穿入了前一个白色实体的一部分

b. 看跌吞没形态覆盖了前一个黑色实体，但是乌云盖顶形态覆盖了前一个蜡烛线的上、下影线

c. 乌云盖顶形态出现在一波上涨趋势之后，但是看跌吞没形态出现在一波下跌趋势之后

d. 乌云盖顶形态发生在一波下跌趋势之后，但是看跌吞没形态出现在一波上涨趋势之后

____11. 下面的选项中，哪些是看跌吞没形态的必备条件？

①市场处于下降趋势

②第二天市场的开盘价应该高于前一天的收盘价

③第二天市场的收盘价应该低于前一天的开盘价

④第二天市场的收盘价必须高于前一天的最高价

a. ①和②

b. ③和④

c. ①和③

d. ②和③

____12. 如果一个非常大的白色实体形成了一个看涨吞没形态，您此时的操作应该是：

a. 在白色蜡烛线的收盘价马上买入，因为上涨态势非常强劲

b. 在白色蜡烛线的收盘价处卖出，因为市场买入者太多

c. 取决于风险收益状况

d. 以上都不是

____13. 确定看涨反击线形态的重要因素包括：

①市场处于下降趋势之中

②第二天开盘价必须低于前一天的最高价

③第二天开盘价突然下降到前一天的收盘价或者最低价的下方

④在此形态最后一天，收盘价必须高于前一天的收盘价

a. ①和②

b. ①和④

c. ①和③

d. ②和③

____14. 看跌反击线形态的一个特点是今天的____和昨天____的相等。

a. 收盘价，开盘价

b. 收盘价，收盘价

c. 开盘价，开盘价

d. 开盘价，收盘价

____15. 按白色蜡烛线实体穿入黑色实体越来越深的顺序排列下边的蜡烛图形态：

①看涨反击线形态

②看涨吞没形态

③刺透形态

④乌云盖顶形态

  a. ①，②，③

  b. ①，③，②

  c. ②，③，①

  d. ④

____16. 按黑色实体逐渐穿入白色实体越来越深的顺序排列下边的蜡烛图形态：

①看跌反击线形态

②所有的图形都是一样的

③乌云盖顶形态

④看跌吞没形态

  a. ①，③，④

  b. ④

  c. ①，②，③

  d. ④，③，②

____17. 图 3.4 中哪个形态是看跌吞没形态？

a. 所有的都是

b. 1 和 2

c. 3 和 4

d. 1

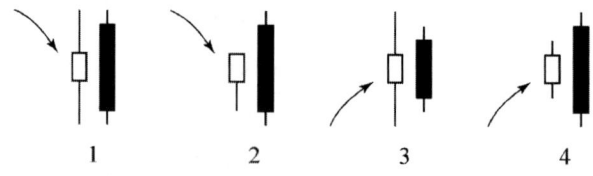

图 3.4 问题 17

根据图 3.5 回答问题 18~20：

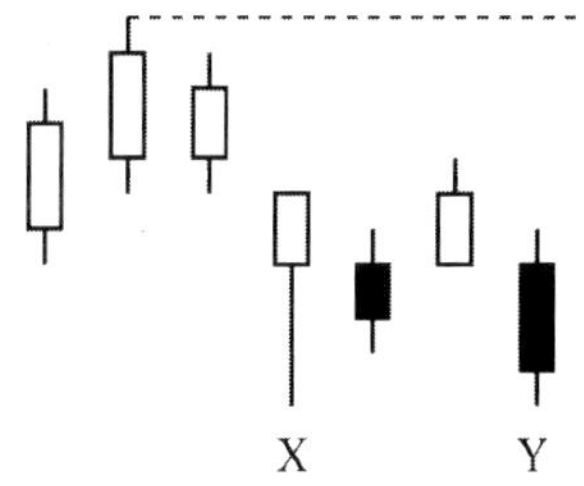

图 3.5　问题 18～20

____18. X 是什么蜡烛信号？

　　a. 上吊线

　　b. 流星线

　　c. 看涨吞没形态

　　d. 以上都不是

____19. 如果虚线位置是我们希望价格反弹到的目标价位，在蜡烛线 X 的收盘价位是否应该考虑买入？

　　a. 是的，因为蜡烛线 X 是一个潜在的看涨反转信号

　　b. 不是，因为 X 的实体很小

　　c. 不是，因为交易的收益与风险相比，并不是很有吸引力

　　d. 是的，因为交易的收益与风险相比，比较具有吸引力

____20. 如果虚线位置是我们期待的价格反弹目标价位，在蜡烛线 Y 的收盘价位是否应该考虑买入？

　　a. 是的，因为锤子的最低价形成了一个支撑位

　　b. 不是，因为 Y 是一个黑色实体的蜡烛线

　　c. 不是，因为这笔交易的收益相对于风险并不具吸引力

　　d. 是的，因为这笔交易的收益相对于风险具

有吸引力

____21. 在图 3.6 中,在哪一个看涨吞没形态发生之后,市场最有可能发动一轮反弹?

    a. 1

    b. 2

    c. 3

    d. 4

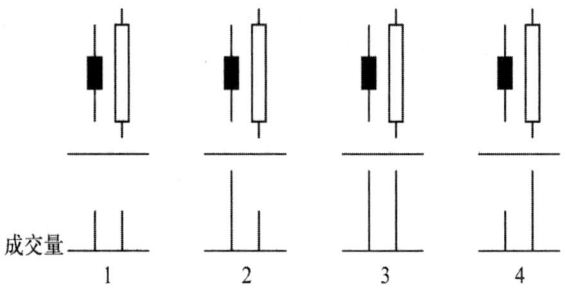

图 3.6　问题 21

观察图 3.7,回答问题 22~24。

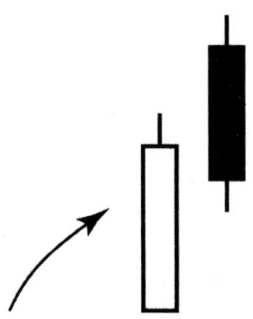

图 3.7　问题 22~24

____22. 图 3.7 所示的蜡烛线是下列哪种形态的构成要素?

    a. 看跌吞没形态

    b. 刺透形态

c. 乌云盖顶形态

d. 平头顶部形态

____23. 为什么图 3.7 中的形态不是乌云盖顶的一个典型案例？

    a. 黑色蜡烛线的开盘价并不足够高

    b. 黑色蜡烛线的下影线不够长

    c. 黑色实体的收盘价穿入白色实体的深度不够深

    d. 白色实体并不足够长

____24. 对于图 3.7 中的形态，要等待出现什么信号的时候才算是增强了顶部反转的可能性？

    a. 等待十字星的出现

    b. 等待第二天的收盘价更深地穿入白色实体

    c. 等待另一个长长的白色蜡烛线出现

    d. 以上都不是

____25. 图 3.8 中，哪些属于刺透形态？

    a. 1

    b. 2 和 3

    c. 4

    d. 1 和 3

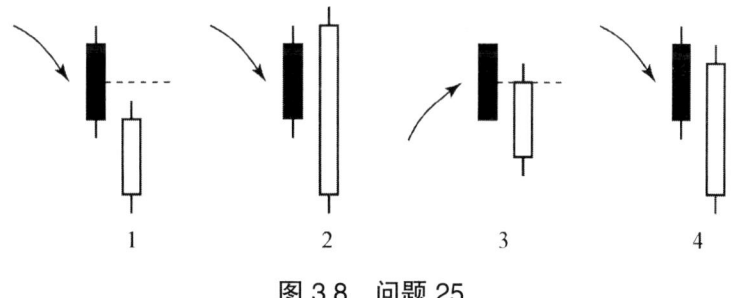

图 3.8　问题 25

____26. 图 3.9 中哪一组蜡烛信号预示着多方正在失去

原有的动力?

  a. 1

  b. 2

  c. 2 和 3

  d. 4

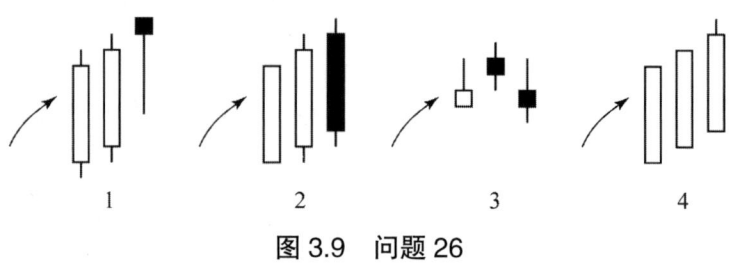

图 3.9 问题 26

____27. 图 3.10 的哪个看涨反击形态更能够作为一种反转信号?

  a. 都不是

  b. 所有

  c. 2

  d. 3

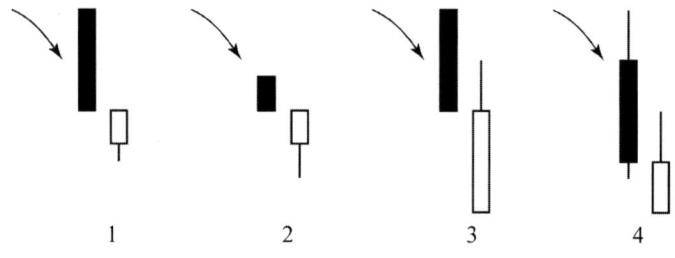

图 3.10 问题 27

参考答案

1. b、c、f

   【解析】刺透形态是在市场的下降趋势之中，由两根蜡烛线构成的组合形态。第一天的蜡烛线实体部分是黑色的，第二天的蜡烛线有一个很长的白色实体。白色实体蜡烛线开盘的时候是低开，比前一天黑色实体的最低价还要低，然后价格节节走高，实体部分伸长，在一个高于前一天黑色实体中点之上的价位收盘。

2. a、d、e

   【解析】乌云盖顶是与刺透形态相反的形态，乌云盖顶形态由两根蜡烛线所构成，它是一种在一波上升趋势之后的顶部反转信号。这个形态第一天的蜡烛线是一个坚挺的白色实体，第二天的开盘价高于前一天的最高价，但是在第二天结束的时候，市场的收盘价深深穿入了前一天的白色实体之内。

3. d

   【解析】如果白色蜡烛线的收盘价足以高过前一根黑色实体的开盘价，那么，它就形成了一个看涨吞没形态。

4. c

   【解析】乌云盖顶出现在一波上涨趋势之中，其中黑色实体的收盘价深深穿入了前一天白色蜡烛线的实体部分。乌云盖顶的相反形态是刺透形态，它是一个在底部发生并预示着反转的信号，它出现在市场处于下跌行情的时候，并且有一个白色实体把价格拉升到了前一天的黑色实体内部。

5. d

【解析】这个问题的本质是比较这两种形态中哪个实体的收盘价深深地穿入了前一天蜡烛线的实体内部。刺透形态的白色实体蜡烛线，它的收盘价穿入了前一根蜡烛线的黑色实体一部分，而看涨吞没形态的白色实体则完全吞没了前一根蜡烛线的黑色实体。看跌吞没形态吞没了前一天白色蜡烛线的实体所有交易价格范围，乌云盖顶形态则只是穿入前一天白色实体一部分，所以它是正确的答案。

6. b

【解析】看涨吞没形态必须发生在一波下跌趋势之中，白色实体要求吞没前一天的黑色实体，但却不要求白色实体必须吞没前一天蜡烛线的上、下影线。

7. b

【解析】除了作为一个在底部预示着即将反转的信号，看涨吞没形态的最低价还能够形成一个支撑区域。

8. b

【解析】看涨吞没形态是在一波下降趋势之中，由一个白色实体吞没前一个黑色实体而组成的，二者必须是按先次序出现的两个实体。

9. a

【解析】在这一组类比中，乌云盖顶形态是刺透形态的对立面，看涨吞没形态是看跌吞没形态的对立面。

第三篇　蜡烛线组合形态的威力

10. a

　　【解析】组成看跌吞没形态和乌云盖顶形态的两根蜡烛线是相同的。具体来说，它们都是市场处于上涨趋势之中，由一根白色实体蜡烛线和紧跟其后的黑色实体蜡烛线所构成。两者主要的区别是，看跌吞没形态的黑色实体部分必须吞没前一根蜡烛线的白色实体，而乌云盖顶形态只需要穿入前一天的白色实体就够了。

11. d

　　【解析】看跌吞没形态是在上涨趋势之中由黑色实体蜡烛线吞没白色实体蜡烛线所形成的，第二天黑色实体蜡烛线的开盘价必须高于前一天蜡烛线的收盘价。

12. c

　　【解析】发现形成了看涨吞没形态并不等于要马上进行买入交易，在这个信号出现时是否要真的买入，取决于交易的潜在风险与收益状况的综合评估。

13. c

　　【解析】看涨反击线形态出现于市场下跌时，要求第一天的蜡烛线是一根较长的黑色实体。第二天开盘是大幅的低开。在这个时候，空方原本占据优势。随后，多方却突然发动反击，把价格重新拉到前一天的收盘价，使得两根蜡烛线具有了同样的收盘价。这个形态的含义非常重要，因为刚开盘的时候股价比前一天的最低价还要低。这个跳空低开的缺口说明空方势力非常强大，看起来马上要开始狂轰滥炸了，但是当这一天交易结束时，多方重新发动力量，发起了日本人称之为敢死战役的行动，把价格拉升到了前一天的收盘价。

14. b

【解析】形成看跌反击线形态需要具备三个条件：(1)市场处于上涨趋势之中；(2)白色实体蜡烛线之后紧跟的是一个跳空高开盘的缺口；(3)第二天跳空高开的蜡烛线收盘于前一天白色实体收盘价的价位。

15. b

【解析】所有这些形态都属于底部反转形态，它们都有一根黑色的实体蜡烛线，以及紧随其后的开盘价较低的白色实体。它们之间的区别在于白色实体穿入黑色实体的深度不同。看涨反击线形态的第二天的白色实体蜡烛线的收盘价到达了前一天的收盘价，刺透形态第二天白色实体蜡烛线收盘价高于前一天的收盘价（最理想的状态下，它需要向上穿入前一个黑色实体的中间价位水平之上）。而看涨吞没形态的特征是，第二天的白色蜡烛线实体完全吞没了前一天蜡烛线的黑色实体部分。乌云盖顶形态的黑色蜡烛线的收盘价向下穿入了前一天白色蜡烛线的实体内部。

16. a

【解析】看跌反击线形态中的第二根黑色蜡烛线的收盘价和前一天白色蜡烛线的收盘价是一样的。乌云盖顶形态的第一天是一根白色蜡烛线，第二天黑色蜡烛线的收盘价位于前一天蜡烛线的收盘价下方（最理想的状态下，黑色蜡烛线的收盘价必须向下穿过前一天白色蜡烛线实体至少中间价位之下）。看跌吞没形态第二天蜡烛线的黑色实体则完全吞没了前一天蜡烛线的白色实体。

17. c

【解析】看跌吞没形态形成的两个最重要条件是，黑色蜡烛线的实体部分吞没了前一天蜡烛线的白色实体，并且市场必须处于一波上升趋势之中。虽然在 1 和 2 中我们看到黑色实体吞没了白色实体，但是图中形态先前的趋势是不符合条件的。因此 3 和 4 符合了看跌吞没形态的标准。

18. d

【解析】这是一条锤子线。锤子线成立的条件除了形状符合要求外，还要求出现这根蜡烛线之前的趋势也必须是一波下降趋势（哪怕一波较短的下降趋势也行）。

19. c

【解析】如果您在锤子线的收盘价附近买入，那么这笔交易的止损点应该是在锤子那长长的下影线的底部位置（这个部位构成了一个支撑区域）。我们来设想一下这笔交易可能的上涨空间，在这个例子中上涨可能达到的地方就是那条虚线的阻力位。说到这里，我们已经得到了一个止损价位（如果价格跌破锤子下影线的最低价）和目标价位（那条虚线代表的价位）。现在我们来思考一个重要的问题：综合衡量一下风险与收益状况，这是一笔好的交易吗？在这个例子里，风险水平和收益水平是差不多的，所以我们很可能需要放弃这笔交易。这就引发了蜡烛图技术的一个关键的问题：即便一个蜡烛线形态的构成要素都十分完美，但是它的风险与收益配比状况不具有足够的吸引力，那我们也要放弃这笔交易。

20. d

【解析】当市场下降到 Y 处价位时,我们可以发现其风险与收益配比状况与上一道习题相比已经有了很大的好转。这是因为,锤子依然构成了一个预期中的支撑位,我们划定的目标价位仍然是如图中虚线所示的位置。在 Y 处买入股票的话,我们的成本临近锤子底部的支撑区域(下影线的底部),这样依然可以获得一笔更加丰厚的上涨利润。当然,如果市场的收盘价是在低于 Y 处的最低价的位置,我们就应该考虑及时平仓,卖出多头持仓。

21. d

【解析】在这个例子中,我们可以看出成交量使看涨吞没形态所发出的潜在看涨信号得到了确认。需要明确的是,看涨吞没形态的黑色实体所伴随的成交量较少,而白色反转蜡烛线位置所伴随的成交量较大。尽管选项 c 中白色蜡烛线上的成交量也高于黑色蜡烛线,但是与选项 c 相比,选项 d 中白色蜡烛线伴随的成交量比黑色蜡烛线上的成交量要更大。这个问题说明了蜡烛图技术非常强大的一个特点:所有经典的西方技术分析方法,比如此题中的成交量,都能够非常轻易地与蜡烛图技术结合起来。

22. c

【解析】这是一个乌云盖顶形态。当市场正处于上涨行情之中,有一个黑色实体的开盘价高于了前一天的最高价,然而收盘价穿入了前一根蜡烛线白色实体的内部。

第三篇 蜡烛线组合形态的威力

23. c

【解析】一个典型的乌云盖顶形态，它的收盘价应该至少低于前一个白色实体的中间位置之下，这说明空方已经深深地攻入了多方的腹地。

24. b

【解析】一个不太理想的乌云盖顶形态，如果想让这个看跌信号得到进一步确认，最好等到下一根蜡烛线的收盘价更加深入地穿入第一根白色蜡烛线的实体之中的时候。

25. c

【解析】刺透形态是一个预示行情可能在底部发生反转的信号。在这个形态之中，市场的开盘价低于前一天的收盘价，或者更典型的时候是低于前一天的最低价，但是最后的收盘价却向上穿入了前一天黑色实体的中间位置以上。在图1中，白色实体的收盘价穿入黑色实体的深度并不足够。在图2中，白色实体的收盘价走势非常强，它吞没了整个黑色实体，从而形成了一个看涨吞没形态。在图3中，虽然它也具备形成刺透形态所需要的蜡烛线组合，但是该形态要求必须形成于下跌趋势之后，而不是上涨趋势之后。

26. c

【解析】在图2中，组成乌云盖顶形态的最后两根蜡烛线说明它是一个预示可能发生顶部反转的信号。在图3中有一群实体部分较小的蜡烛线，这说明市场的上涨动力正在日渐枯竭。在图1中，虽然最后一根蜡烛线属于上吊线,但是我们需要得到市场进一步确认将要转多为空的态势。图4中的是一群实体部分较长的白色蜡烛线,它们的最高价、最低价、收盘价均节节攀升,这表示多方并没有显现出上攻乏力的迹象。

27. d

【解析】看涨反击线形态的要点在于,市场的开盘价应该远远低于前一天的收盘价,交易结束时,多方将价格推高到了前一天收盘价的位置。这种情况说明,虽然价格大幅度跳空低开,但是空方没有能力将主导市场行进方向的控制权保持到收盘。在图3.10中,唯一具备非常低的开盘价的就只有图3了。

第二章　孕线与十字孕线、
　　　　启明星与黄昏星

在这一章里，我们将会讨论更多的由单根蜡烛线组合而成的蜡烛图形态。首先，让我们来研究一种有趣的双蜡烛形态——它的名字叫"孕线"——以及以它为基础派生出的十字孕线。在此之后会研究一种由三根蜡烛线组成的星线形态，这个形态以它在预测反转方面的强大效力而著称。而星线形态是纺锤线和十字线形态的综合体。您或许还记得我们在前文中曾经讨论过流星线，那么在这一章我们将接着往下研究星线系列中的启明星形态、黄昏星形态和一些包含十字线的星线，分别是十字启明星形态和十字黄昏星形态。

学习目标
◎了解孕线和十字孕线的重要性

◎了解孕线与十字孕线的区别

◎了解十字孕线形态形成中的市场力量

◎了解孕线和吞没形态的区别

◎了解孕线形态和西方技术分析中收缩日的异同

◎了解启明星形态和黄昏星形态的判断标准

◎了解启明星形态和黄昏星形态被人们称为反转形态的原因

◎能够结合成交量分析从而让星线形态变得更加威力强大

关键术语

◎孕线

◎十字孕线

◎呆滞形态

◎星线

◎启明星形态

◎黄昏星形态

课程学习

在前面的章节里，我们讨论了名为纺锤线的单根蜡烛线。如果谈到反转形态孕线，纺锤线那短小的实体部分正是孕线的组成要素。

如图 3.11 所示，图中的第一根蜡烛线是一个远超于一般长度的白色或黑色实体，第二根蜡烛线的实体部分非常小，而且被上一根蜡烛线的实体完全包含在其内部。

看跌孕线形态　　　　看涨孕线形态
A　　　　　　　　　B

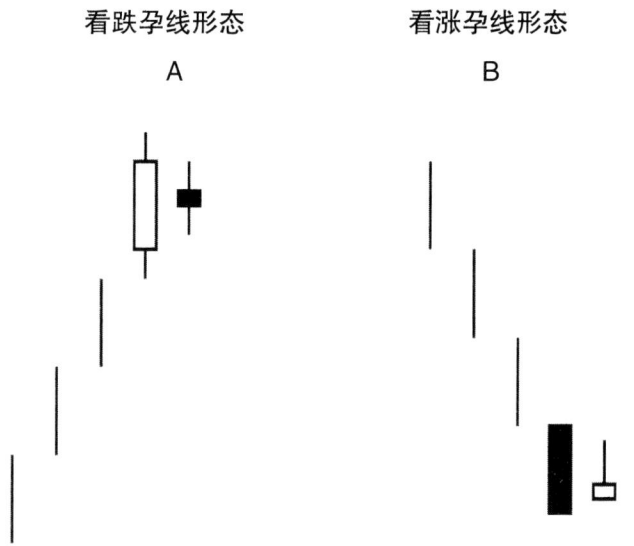

图 3.11　孕线

孕线形态之中实体的颜色倒是无所谓，二者的颜色可以相反，也可以相同。

正如您所看到的，孕线和我们之前讨论过的蜡烛形态一样，也是一种反转形态。日本人认为出现孕线形态（见图3.11A）之时，之前的上涨或下降趋势就已经面临衰竭了。看跌孕线形态向告诉我们，虽然那根有看涨意味的白色实体使价格创出新高，但接下来出现的较小的实体说明此时存在一些不确定性，告诉您市场目前对走势的态度犹豫不决。正如您从本书前面几章所了解到的，这根高度非常有限的较小的实体——特别是当它紧紧跟随在一个高度非常可观的实体之后的时候，这就说明行情的上攻速度正在减弱。

另外，当具孕线这种具有看涨意味的形态出现在下降趋势中（见图3.11B）时，第一根较长的黑色实体说明市场当前的卖出压力非常巨大。当第二根较小实体形成的时候，这就说明空方已经丧失了进一步打压价格的能力，他们没有足够的力量让价格收盘于上一个蜡烛线底部或是更低的价位。当市场上出现孕线形态时，我们就应该意识到，旧的趋势随时可能面临终结、反转随时可能出现。您是否能看出孕线形态所告诉您的关于市场情绪的信息？此时的市场上，多空双方的情绪正在暗流汹涌，酝酿着变化。如果第二根线的实体是一个十字形态而不是纺锤形态的话，它就是一根十字孕线（见图3.12）。

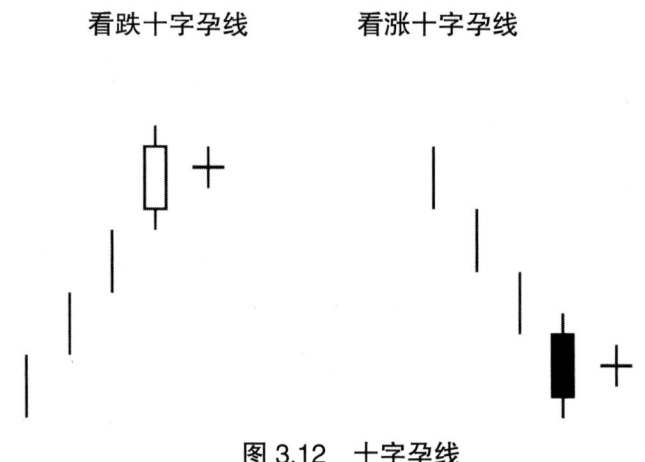

图3.12　十字孕线

补充知识

孕线这个词来源于日语中表示"怀孕"的词汇，第一根蜡烛线具有一个非常大的实体（即母体），接下来是一个蕴含其中的较小实体（即子体）。如果第一、第二根蜡烛线都是白色，则称之为双白色孕线；如果第一根是黑色，而第二根是白色，则称之为黑白孕线；我们之所以把它们统称为孕线，是因为实体的颜色对于该形态而言并不特别重要。

接下来，我们将研究一个非常有意思的形态，这就是名为星线的蜡烛图形态。事实上，当这个形态出现于趋势顶部或者底部的反转位置时，它才能被称为星线。

星线是一个实体部分较小的蜡烛线（您不妨想一下纺锤线的样子），并且在上升或者下降趋势中出现，和它前边那根蜡烛线的实体之间有一个跳空缺口，第三根蜡烛线与星线之间也应该有一个跳空缺口，从而使星线中的那根小实体孤立地出现在一段上升或下跌趋势的末尾位置。在理想的状况下，实体之间不应该形成重叠，虽然有时候星线的实体可能会扎进它之前那根蜡烛线的影线里边。

星线的实体部分较小，这就说明了多方和空方之间存在着激烈的角逐。这有点像孕线的概念——一段强烈的上涨或下跌趋势之后，接下来的是一段市场情绪非常犹豫的时期。星线的出现，说明了市场原本有一波单边压倒性的猛烈进攻，接下来出现了一股相反的力量，这股力量打破了之前的趋势，并将其彻底扭转为相反的趋势。

在两个蜡烛线中间的星线叫作启明星形态以及黄昏星形态（见图3.13）。启明星形态是一种底部反转形态，其得名与水星有关。启明星出现于黎明时分，就像它的到来预示着白天即将来临一样，启明星形态的出现，预示着价格接下来很可能将出现一波上涨。

启明星形态由三根蜡烛线组成。首先，在一波下降趋势之后出现了一根长长的黑色蜡烛线。这表明空方依然在市场上占据着决定性地位。接下来出现了一个实体部分较小的蜡烛线。这根蜡烛线在前一天的黑色蜡烛线下方跳空开盘，这种情形让市场上原先那些做空的人们心满意足。这根星线（启明星形态中间那根蜡烛线）以极小的价格波动幅度完成了自己的形态，收盘的时候价格也没有能力上攻收盘于前一天大阴线的实休内部，尽管它的上影线也许已经穿入了前一天蜡烛线实体的内部。启明星形态的第三根蜡烛线是一个白色的实体，它向上穿入了第一根大阴线蜡烛图的实体内部。这种情况让熊方感到深深的恐慌，因为第三根大阳线的出现表明，多方已经取得了市场的决定权并且开始扭转原先的下降趋势。

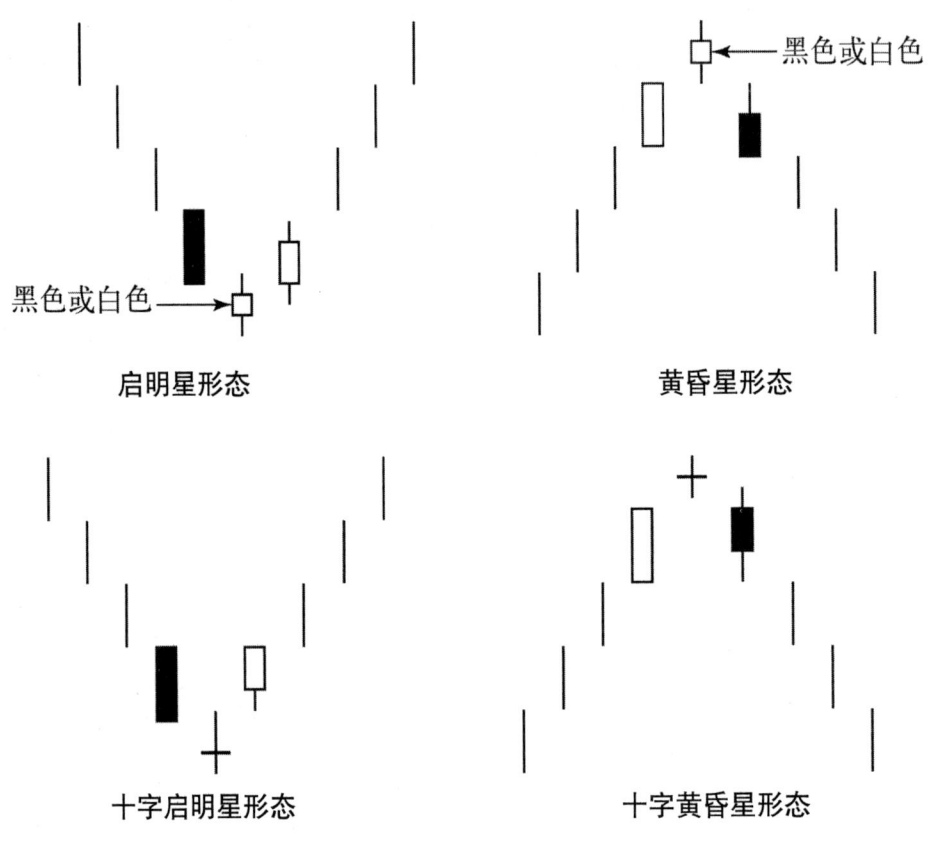

图 3.13　启明星形态和黄昏星形态

启明星形态的相反形态是黄昏星形态。这个顶部反转信号由三根蜡烛线构成。在一波上攻趋势之中，出现了一根大阳线，这说明多方力量仍然占据市场的主导地位。接下来出现的是一根星线，这根星线那较小的实体跟它前面一根蜡烛线的实体之间有一个标志性的向上价格跳空缺口。第三根较长的黑色蜡烛线向下跳空开盘，然后穿入第一根阳线实体内部，这样一来，中间那根星线的实体（可能是黑色也可能是白色）孤立地站在整个形态的高处，从而形成了一个市场顶部。最后的这根蜡烛线，宣告了多方的最后命运就是交出市场的主导权，空方已经掌握了市场的方向盘并开启了市场的下跌趋势。

如果启明星形态和黄昏星形态的中间那根蜡烛线不是纺锤线而是一个十字线，那么这个形态就成了十字启明星形态和十字黄昏星形态（见图3.13）。

诸如孕线、十字孕线、星线形态等这些反转形态，给您的行情分析工具箱之中添加了全新的极富价值的分析工具。无论在任何时间周期的蜡烛线图表上，只要识别出这些形态并且善加运用，就能极大地增强您预测市场趋势和管理资金的技术。

在接下来的两个章节里，我们将讨论更多的代表顶部和底部反转形态的蜡烛线图。我们还将引入一个新的概念，那就是蜡烛图的持续形态。现在，请先完成下边的练习，答完后请与后边的答案相核对，以便得到更多的见解和知识。

补充知识

在分析中纳入成交量信息将使您更好地发挥星线形态在分析中的威力。比如，第一根蜡烛线伴随的成交量比较小，而第三根蜡烛线伴随的成交量突然放大。第一根蜡烛线伴随的较小的成交量说明，之前趋势的推动力量正在不断地减弱。中间那根星线形态说明当前的市场充满着不确定性。第三根蜡烛线伴随的成交量突然放大，说明这根蜡烛线所代表的市场力量正在激起一波全新的市场走势。

能 力 测 试

1. 孕线是一种_____信号。
   a. 看涨的反转
   b. 看跌的反转
   c. 持续
   d. 看涨或看跌的反转

____2. 孕线形态指的是：
   a. 一个小实体后跟随着一个大实体
   b. 一个蜡烛线的小实体必须包含在之前蜡烛线的大实体之内
   c. 两个连贯的小实体
   d. b 和 c 均对

____3. 关于孕线实体的颜色，以下说法哪一项是正确的？
   a. 两个实体必须为同一颜色
   b. 两个实体可以颜色相同
   c. 第一个实体必须为黑色，第二个实体必须为白色
   d. 两个实体颜色必须是相反的

____4. 一个吞没形态包含一个实体部分较长的蜡烛线和一个完全被其吞没的实体较小的蜡烛线。以下哪种蜡烛形态是它的反义词——一个较大的实体后跟着一个较小实体？
   a. 刺透形态
   b. 乌云盖顶形态
   c. 孕线形态
   d. a 和 b 都是

____5. 孕线和十字孕线的区别是什么？

a. 二者是相同的

b. 十字孕线的两个实体颜色是相同的

c. 十字孕线的第二个蜡烛线是十字线而不是小实体

d. 十字孕线必须是在上升趋势之中出现

____6. 收缩日形态和孕线形态之间的区别是什么?

a. 二者是相同的

b. 孕线形态要求第二天的实体完全被第一天的实体所吞没，但是收缩日形态要求第二天的价格范围在前一天的最高价和最低价之间

c. 孕线形态要求第二天实体的最低价在第一天的蜡烛图的最低价之下，而收缩日形态要求第二天的最低价在第一天的最低价之上

d. 以上都不对

____7. 从下面的列表中，选出 4 个启明星形态成立的条件：

a. 上升趋势

b. 下降趋势

c. 第一根蜡烛线为黑色

d. 第一根蜡烛线为白色

e. 第二根蜡烛线为白色

f. 第二根蜡烛线为白色或黑色

g. 第三根蜡烛线为白色

h. 第三根蜡烛线为黑色

____8. 从问题 7 的列表之中选择能够判定黄昏星形态成立的条件：

____9. 启明星形态是一种预测效力非常强大的：

a. 顶部反转信号

b. 看跌持续信号

c. 看涨持续信号

d. 底部反转信号

____10. 当启明星形态或黄昏星形态形成时，第二个实体形态必须是：

a. 黑色

b. 白色

c. 窄小的

d. 较大的

____11. 启明星形态或黄昏星形态的哪个构成部分是星线？

a. 第一根蜡烛线

b. 第二根蜡烛线

c. 第三根蜡烛线

d. 第四根蜡烛线

____12. 黄昏星形态的三个组成部分中，哪个部分表示的是反转？

a. 第一个区域

b. 第二个区域

c. 第四个区域

d. 以上答案均不对

____13. 如果黄昏星形态中的星线是一个十字线，那么它就变成了：

a. 十字黄昏星形态

b. 平头顶部形态

c. 十字孕线形态

d. 三星形态

____14. 如图 3.14 所示，哪一个是黄昏星形态？

a. 3

b. 4

第三篇 蜡烛线组合形态的威力

c. 1
d. 3 和 4

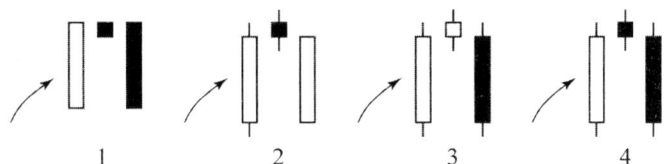

图 3.14 问题 14

____15. 如图 3.15 所示,哪一个是孕线形态?

a. 所有
b. 均不是
c. 2 和 3
d. 2

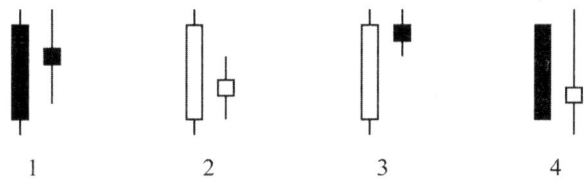

图 3.15 问题 15

参考答案

1. d

   【解析】孕线可以成为顶部或底部反转的信号。在一波向上拉升的趋势之中，孕线形态的第一根线首先是一根长长的白色蜡烛线，之后紧紧跟随一个小阳线或者是小阴线，这就是看跌孕线。相反情况下，在市场下跌的趋势下，首先出现一根大阴线，接下来是一根小阳线或小阴线，并且被包含于大阴线实体的范围之内，这样的形态就是看涨孕线。

2. b

   【解析】孕线形态出现在上升或下降的趋势当中都可以。在一波上升趋势之中，首先出现一个长长的白色实体，后边跟随着一个被其实体包含着的纺锤线。在一波下降趋势之中，一个长长的黑色实体后面跟随着一个被其实体包含着的纺锤线，这都是孕线。

3. b

   【解析】孕线形态的第二个实体颜色是黑是白均可。例如，如果孕线的第一根蜡烛线是一个有着较长白色实体的大阳线，第二个蜡烛线是一根实体较小的小阳线，日本人称之为双白色孕线。

4. c

   【解析】孕线形态是吞没形态的反义词。也就是说，吞没形态的意思是第二根蜡烛线的实体将第一根蜡烛线的实体完全吞没掉。孕线形态则是一个实体部分特别长的蜡烛线紧随着一个包含在这根蜡烛线之内的小实体。日本技术分析师认为，在一波下降趋势之后出现孕线形态，则意味着下跌的能量正在枯竭，而在一波上涨趋势之后出现孕线，则说明市场继续上攻的概率非常低。

5. c

【解析】十字孕线有时候也被称为呆滞形态，因为它的第二个蜡烛线出现的形式是一根十字线，这种形态在预警市场反转方面的效力要比一般的孕线形态强得多。

6. b

【解析】尽管收缩日和孕线的表现非常相近，但孕线的优势在于它能够发出收缩日所没有能力传达出的信号。特别是收缩日形态要求后一个交易日的高低价必须包含于前一个交易日蜡烛线的高低价范围之内，而孕线的要求仅是第二天的实体要完全包含于第一天的实体范围之内，甚至后者的高位超出前者的高位或后者的低位低于前者的低位也是可以的。这意味着孕线能够发现在收缩日形态中不太明显的反转信号。

7. b、c、f、g

【解析】启明星是一个三根蜡烛线所构成的底部反转形态。在这个形态中，是一个较长的黑色实体和紧随其后的实体较小的蜡烛线，这根蜡烛线是一个向下跳空的状态。第三根白色蜡烛线呈现上攻状态，收盘时穿入第一根蜡烛线的实体内部。

8. a、d、f、h

【解析】黄昏星是一种三根蜡烛线组成的顶部反转形态。它的判定条件是当前市场处于上升趋势中，出现了一个长长的白色实体，随后紧跟着一个实体比较小的蜡烛线。后者的颜色是黑是白不要紧，但必须与前者的实体之间有一个价格跳空缺口。最标准的黄昏星形态是，第三根黑色蜡烛线的实体也跟第二根蜡烛线实体之间有一个价格跳空缺口。黄昏星形态中的第三根黑色蜡烛线的收盘价必须向下穿入第一根蜡烛线的实体内部。

9. d

【解析】在一波下跌趋势之后，三根蜡烛线组成的启明星形态就是一个反转信号。第一根大阴线意味着空方依然占据着主导地位。第二个实体较小的蜡烛线说明空方继续进攻的力量目前正在丧失。这个蜡烛线必须与之前的蜡烛线之间有一个价格跳空。接下来第三根蜡烛线的出现扭转了整个形势，整个启明星形态自此形成，这必须是一根较长的白色蜡烛线，并且收盘时穿入第一根蜡烛线的实体之内。

10. c

【解析】在启明星形态和黄昏星形态当中，中间那根蜡烛线必须是纺锤线或者十字线，而纺锤线的颜色并不重要。

11. b

【解析】在启明星形态以及黄昏星形态当中，第二根纺锤线称为星线。

12. d

【解析】第三根蜡烛线的收盘价必须向上穿入第一根蜡烛线的实体内部，从而构成整个形态。

13. a

【解析】如果在第二根蜡烛线上出现的不是纺锤线而是一个十字线，则启明星形态和黄昏星形态就变成了另外的新形态，即十字启明星形态和十字黄昏星形态。

14. d

【解析】图3和图4是黄昏星形态，黄昏星形态中间那根蜡烛线（小实体线）颜色是黑是白皆可。图1不是一个典型的黄昏星形态，因为最典型的黄昏星形态之中第二根蜡烛线和第一根蜡烛线之间必须存在价格跳空缺口。而图2从形态上看虽然符合黄昏星的要求，但最后一根蜡烛线应该是黑色而不是白色。

15. a

【解析】这些图均为孕线形态。孕线形态指的是一个小实体被前面的大实体完全包含在内，其颜色并不重要，甚至第二根蜡烛线的影线超出第一根蜡烛线的影线也可以，只要其实体被前者吞没在内。

第三章 生动的故事：
平头、乌鸦和士兵

在这一章中，我们将继续学习更多的有趣的蜡烛图，这些蜡烛图能够向我们提供更多有关市场的运动方向和驱动力方面的信息。尽管近期的价格变动情况非常重要，但早期的价格历史走势也能够对我们预测未来的市场走势起到莫大的作用。这些蜡烛图告诉我们的关于市场历史和现在价格情况的信息，能够大大增强我们的判断能力，从而使我们成为成功的交易员和投资者。

现在，让我们一起来学习平头、乌鸦和士兵等这些重要的蜡烛线形态。您在以前章节已经掌握的知识，会使接下来的蜡烛线形态学习变得更加容易。

学习目标

◎了解平头形态蜡烛图的结构

◎了解在较长时期的蜡烛图中,平头形态为趋势反转提供信号的具体情形

◎了解平头形态与其他的蜡烛图形态的配合使用

◎了解三只乌鸦的定义,以及它们所传递的技术信号

◎了解红色三兵形态及其衍生形态的识别

◎了解红色三兵形态发出的警告信号在操作中的把握

关键术语

◎平头

◎平头顶部

◎平头底部

◎三只黑乌鸦

◎前进的红三兵

课程学习

这种名为平头形态的蜡烛图,由两根或多根相同最高价或者相同最低价的蜡烛线所构成。这个名字得名于它们所代表的具体形态的样子。当两根或多根连续的蜡烛线的最高价都处在同一高度时,就构成了平头顶部。平头顶部形态出现在一波上涨行情中,如图3.16所示(如果市场上出现了"镊子",那么如果它用力一捏的话,被"夹痛"的市场行情极有可能会走向衰落)。在一波下跌行情中,如果出现两个连在一起的蜡烛线的最低点相等时,就构成了一个平头底部形态。

最理想的情况是，首先，平头形态应该以在第一个交易日形成一个实体部分较长的蜡烛线开始。在一波下降行情中，这根第一天的蜡烛线可能会是一根大阴线；而在一波上升的行情中，它则会是一根大阳线。

其次，来看第二个交易日的情况，接下来的蜡烛线是一个非常有趣的形态，因为它富于变化，可以表现为很多种形态。这个蜡烛线最好是一个实体部分较小的纺锤线——但这个条件不是绝对必要的。您现在其实已经对可以构成平头形态的这些蜡烛线非常熟悉了。例如，构成一个平头顶部的第二天的蜡烛线可以是一根上吊线、一根流星线，也可以是一个乌云盖顶形态。而构成平头底部形态的第二天的蜡烛线有可能是一根锤子线、一根孕线，或者是刺透形态。

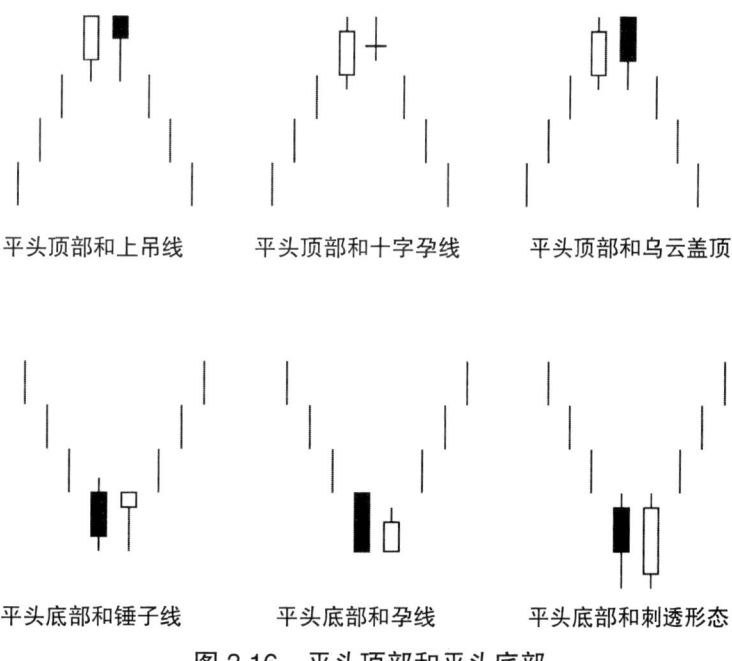

图 3.16　平头顶部和平头底部

平头顶部这个形态是由第一根实体较长的蜡烛线和第二根实体较小的蜡烛线一起组合而成的，它们的最高价是相同的，这种情形告诉我们，这根大阳线所代表的多方的强劲上攻势头，随着第二天这根实体较小的蜡烛线的出现，已经开始出现衰退的态势。同时，因为第二根蜡烛线无法创出比第一根蜡烛线最高价更高的新高，所以这个平头顶部同样是在告诉我们，市场上的买方力量已然出现衰退态势。

平头底部形态以一条大阴线开始，这条线的出现说明空方完全控制主导权，但是具有相同最低价并且通常实体部分较小的第二根蜡烛线的出现，却让整个局面变得扑朔迷离、不甚明朗。随着多方展开了反击，空方没有足够的力量在第二个交易日创出价格的新低，这加剧了空头们的紧张情绪。很明显，接下来的这一根蜡烛线为市场未来可能发生的反转提供了有效确认。

我们认为，在日线级别蜡烛图或者日内分时蜡烛图这样较短交易时间周期的蜡烛图上，如果先后出现两根最高价或者最低价相同的蜡烛线时，除非有其他技术分析信号同时对看跌或看涨反转进行确认，否则它们并不具备重大的预测意义。

如果您是一个中长线投资者，您可能会研究周蜡烛图以及月蜡烛图，以便确定长期的投资计划并获得长线收益。所以，与更短期的日蜡烛图或者日内分时蜡烛图相反，周蜡烛图和月蜡烛图上如果出现平头顶部或平头底部的形态，它们传递的反转信号也许更为重要。比如，在一波下降趋势中，一个星期结束的时候市场成功地守住了上一个星期的最低价，那么这种情况极有可能就是价格发动一波上攻的开始。相反的情形下，如果在15分钟日内分时蜡烛图上，市场成功坚守住了前一根蜡烛线的低点，这并不是一个特别具有操作意义的技术信号。

接下来我们要研究的这种蜡烛线形态，只有出现在较高的价位之上，或者在经历了一波充分的上涨走势之后才能体现出威力。日本技术分析师给它起了个形象的名字叫作"三只黑乌鸦"，也可以叫作"三飞乌鸦"形态。如图3.17所示，三只黑乌鸦形态由三根收盘价收在当天最低点或者接近当天最低点的阴线所构成。第一根蜡烛线出现于一波已经开始，显示出即将终了的上升趋势的顶部，或者是出现于下降趋势之中。理想情况下，每根黑色蜡烛线的开盘价应当位于前一根蜡烛线实体的内部。

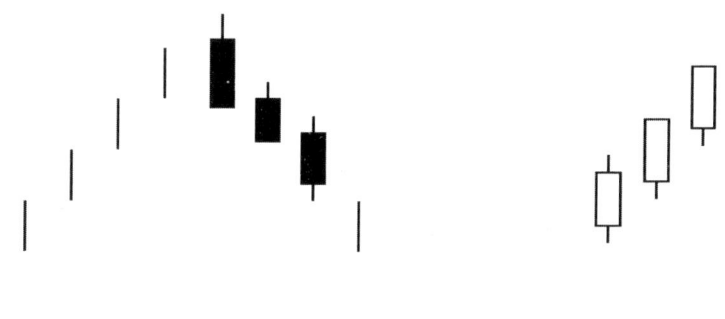

图3.17　三只黑乌鸦　　　　图3.18　红色三兵

补充知识

日本人将与三只黑乌鸦形态所表达意义相反的形态称为"前进的红色三兵"形态，或称为"红三兵"形态。此形态的名称与本书所讲的许多其他形态的名称一样，其得名大多和战争有关。

三只黑乌鸦形态可以为中长线投资者提供非常有价值的交易信号。当这个形态的第三根黑色蜡烛线形成的时候，市场跟之前的价格高点相比很明显已经有了很大的下降幅度。如果您目前持有一只股票的多头持仓并且打算中长线持有，然而此时在周蜡烛图中出现了三只黑乌鸦形态，此时再结合其他技术分析信号进行分析，您很可能发现市场是正在警示您赶快平仓以锁定部分或全部的利润。

正如我们从图 3.18 中看到的那样，当出现了三根持续创出新高的大阳线的时候，就形成了红色三兵的形态。这是一个预示既有趋势会持续下去的形态。最理想的情况是，每根蜡烛线的收盘价都处于或接近当日的最高点。这几根蜡烛线形成了一个秩序井然的、持续上升的态势，每根蜡烛线的开盘价都位于前一根蜡烛线的实体内部或者实体附近位置。

对于这种蜡烛线形态而言，之前的趋势并不是那么重要。原因在于，红色的三个士兵可能出现在一波跌得很深的下降趋势之中，然后以这个红三兵形态为标志开启一波反转走势；也可能是在市场已经出现反弹的时候进一步推动上攻走势。不管两种情况中的哪种发生，都意味着市场会向多方的主导方向发展。

关键要点

在理解和运用红色三兵形态时务必要谨记：虽然这些蜡烛线说明了市场的上涨态势比较健康，但是它们并不是一个意味着市场必然上涨的买入信号。当这些蜡烛线处于上攻异常凶猛的走势当中时，建仓做多更要格外小心。原因在于，一个处于超买态势中的市场往往会随时出现横盘整理态势或者价格直接发生下挫，事实上建仓做多的最佳时机应该是在价格回落到支撑区域的时候。

技术分析专家们常说这么一句话："交易就如同战争一样。"本章中所讲的这些蜡烛图形态——平头顶部、平头底部、三只黑乌鸦以及红色三兵——都是您在交易战场上奋勇拼杀之时可以使用的神兵利器。在证券交易的一路征战之中，您拥有的知识越多，最后获得胜利的把握就越大。这是一条放诸四海而皆准的真理，它在人的日常生活之中同样适用。

在本篇下一章，我们将会讨论一种名为"窗口"的高效强力的持续形态。"窗口"其实是日本技术分析师对于西方分析技术中"缺口"的另一种叫法，它能给我们提供非常有价值的交易信号。

在进入下一章之前，请首先回答下边的问题，花一些时间总结一下您从这一章学习中学到了哪些知识，这是从本书中汲取更多交易知识的最佳途径。

能力测试

____1. 形成平头顶部形态的一个必须具备的条件是：

a. 具有相同的最高价

b. 具有相同的实体

c. 具有相同的中点

d. 具有相同的最低价

____2. 理想情况下，在一波非常充分的上涨趋势中，平头顶部形态由_____组成。

a. 大阴线后跟随一根十字星线

b. 大阳线后跟随一根十字黄昏星

c. 大阳线后跟随一根实体部分更短，但最高价处于同一价位的蜡烛线

d. 大阴线后跟着一个孤岛反转形态

____3. 在一波下跌趋势接近结束之时，平头底部形态表现为：

a. 小阴线后跟随一根看跌捉腰带线

b. 一颗启明星

c. 两根具有相同最低价的蜡烛线组成的孕线形态

d. 刺透形态后跟随着一个孕线形态

____4. 在周蜡烛线图中，平头顶部说明：

a. 这一周的最高价和上一周的最高价相等

b. 两根蜡烛线实体具有相同的低点

c. 两根蜡烛线实体具有相同的高点

d. 以上都不对

____5. 形成三只乌鸦形态的一个条件是：

a. 三根阴线

b. 三根黑色纺锤线

c. 三根看涨捉腰带线

d. 三个连续的乌云盖顶形态

____6. 三只乌鸦出现在____时,明显地说明空方力量控制着市场。

  a. 箱形整理

  b. 一段上升行情

  c. 一段下降行情

  d. 一个看涨的刺透形态之后

____7. 三只乌鸦传递的信号在谁手里被运用得最好?

  a. 日内交易者

  b. 所有市场参与者

  c. 纽约证券交易所的专家

  d. 长期投资者和交易员

____8. 形成红色三兵形态的一个条件是:

  a. 它们出现在一波急速下跌的趋势之中

  b. 它们出现在箱体震荡整理中

  c. 它们在一段上涨的趋势中形成

  d. 以上都不对

____9. 理想状态下,形成红色三兵形态的三个实体应该处于哪种态势?

  a. 收盘价连续走高稳步上涨

  b. 横盘整理

  c. 包含50%回调的上涨

  d. 包含十字星的上涨

____10. 为什么红色三兵形态可以称得上好消息和坏消息的结合体?

  a. 因为这种蜡烛线只是看上去很强劲,但实际上暗藏颓势

  b. 虽然蜡烛线是在向上攀升,但超买和惜售才

导致了价格的上涨

c. 蜡烛线的上涨仅仅可以看成是熊市中的一次反弹而已

d. 因为三天连续上涨的市场可能会陷入超买的危险状态

____ 11. 将图 3.19 中的蜡烛图与他们的名字相匹配：

| 蜡烛线名称 | 图像编码 |

A. 看跌吞没形态　　　　_____

B. 看涨吞没形态　　　　_____

C. 孕线　　　　　　　　_____

D. 十字孕线　　　　　　_____

E. 平头顶部　　　　　　_____

F. 平头底部　　　　　　_____

G. 乌云盖顶　　　　　　_____

H. 刺透形态　　　　　　_____

I. 看涨反击线　　　　　_____

J. 看跌反击线　　　　　_____

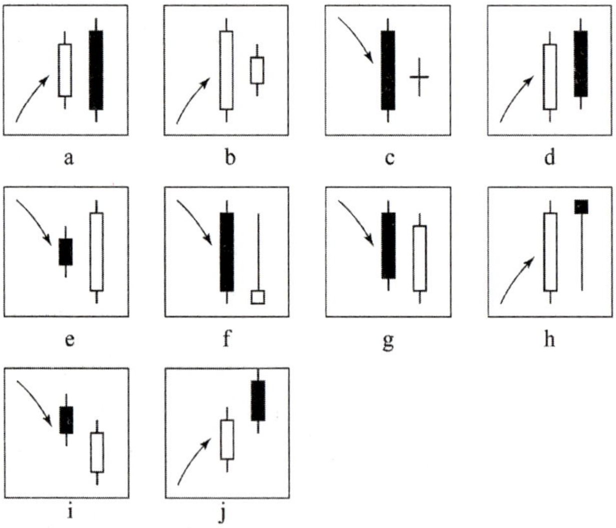

图 3.19　问题 11

____12. 如图 3.20 所示,有哪个(哪些)是红色三兵形态?

  a. 1

  b. 2

  c. 3

  d. 2 和 4

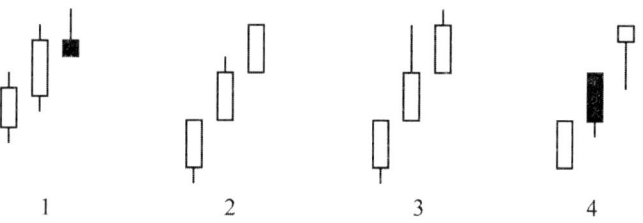

图 3.20　问题 12

参考答案

1. a

   【解析】判断平头顶部成立的必备条件之一是，它必须由最高价相同的两根或多根连续的蜡烛线所组成。

2. c

   【解析】理想状态中的平头顶部形态，由一根大阳线紧跟着一个最高价与其相同但实体更小的蜡烛线所组成。

3. c

   【解析】在下跌趋势中的市场底部形成的平头底部形态，会出现两根具有相同最低价的蜡烛线组成的孕线形态。看涨孕线形态中的第一根蜡烛线是在下跌趋势中出现的大阴线，第二根蜡烛线是夹在第一根蜡烛线的开盘价和收盘价之间的实体较短的蜡烛线。如果这两根蜡烛线具有相同的最低点——无论是带有下影线还是纯由实体形成——这种形态都能够被称为平头底部。

4. a

   【解析】在周线级别蜡烛线图中出现的平头顶部形态，这要求这一周蜡烛线的最高点要和上一周蜡烛线的最高点价位相同。这个平头顶部形态可能由实体、影线或是十字线所组成。平头形态出现于连续的交易日中，但是单独的平头顶部形态并不能作为日内蜡烛图或日线级别蜡烛图中具有重要交易意义的反转信号，但是如果同时得到其他看跌（顶部反转）或者看涨（底部反转）蜡烛线信号的确认时，它们的意义就变得极为重要。对于那些投资于中长线的投资者来说，在周线级别蜡烛图或月线级别蜡烛图中出现平头顶部和平头底部的话，就可能暗藏着非常重大的反转信号。上个星期或上个月创造的最低价已经被成功地守住了，它极有可能会成为重要的市场底部，继而成为市场下跌后反弹走势的开始。然而今天已经被成功守住的昨天创出的最低价，由于时间周期过短，难以成为市场的底部并引发上攻走势。

5. a

【解析】三只黑乌鸦形态包含三根逐渐下降的阴线。

6. b

【解析】三种黑乌鸦的出现往往被当作市场的顶部反转信号。因此这种形态必须在一波上涨的走势中形成。

7. d

【解析】在所有的蜡烛图中，只有当最后一个蜡烛线形成后，或者说这个形态彻底完成后，这个信号才算是有效的。本题中的这个形态指的是第三根阴线。因为这样，它才有可能作为交易信号被中长线的投资者有效地加以运用。这个看跌信号的第一根阴线说明看空信号开始出现，这可能会发展成为乌云盖顶形态或者其他顶部反转的形态。当第三根阴线最终完成的时候，空方明显已经彻底控制了市场的行进方向。但是此时往往市场可能已经远离它的最高价位，因此，如果想要在这个时候卖出股票，我劝您把眼光放得长远一些。

8. d

【解析】红色三兵之前的趋势并不重要。红色三兵形态最主要的条件是三根有序向高点挺进的阳线,并且每个交易日的收盘价处于当日最高价或接近最高价。

9. a

【解析】组成红色三兵形态的实体应当是在一个上升趋势中有序移动,并且每根阳线的收盘价要高于之前的那根蜡烛线的收盘价。

10. d

【解析】好消息是指:三根强力的大阳线说明市场正处于健康的上涨趋势之中。坏消息是指:第三根蜡烛线形成的时候,市场很可能已经陷入了超买状态或者达到一个前期高点阻力位价格的区间。正因如此,最好的做法是等价格出现回调,到达支撑位的时候再作出买入股票的决定。如果市场回调之后,那时的市场格局并没有出现支持趋势继续上涨的信号,就应该放弃买入股票的决定。

11. A.a,B.e,C.b,D.c,E.h,F.f,G.d,H.g,I.i,J.j

【解析】略。

12. b

【解析】红色三兵是一个由三根持续攀升的阳线组成,并且要求这些阳线中的每一根的收盘价都接近当日的最高价。如果这样的三根阳线出现于一波稳定的价格或者一波下跌之后的低迷价格区间之内,则它就成了一个更加强劲的看涨交易信号。

第四章　不连贯的蜡烛线：
　　　　　上升和下降窗口

在上一章中，我们已经对反转形态进行了学习。这些形态的出现，意味着我们要采取相应的操作，要么新买入股票，要么根据资金管理的操作纪律而平仓卖出股票。而在本章中我们要研究的是一种持续形态，这种形态的出现意味着之前的趋势将持续下去，这种形态叫作"窗口"，这个名字与西方技术分析中所讲的"跳空"是同一个意思。本章我们将学习窗口的基本概念，以及在不同的形态中怎样对其加以灵活运用。我们还会讨论将窗口和趋势结合起来进行分析时涉及的一些概念。

学习目标

◎了解"窗口"的定义

◎了解上升窗口和下降窗口的不同之处

◎了解窗口支撑位和阻力位的作用

◎了解在窗口回补时收盘价非常重要的原因

◎了解窗口的大小（即价格差）不影响窗口的确立的原因

◎了解在较大的窗口中关键的支撑位置在哪里

◎了解在分析窗口的同时考虑其所处的趋势至关重要的原因

关键术语

◎窗口

◎上升窗口

◎下降窗口

◎价格跳空区域

课程学习

在技术分析领域，我们时常谈及的两种形态就是反转形态和持续形态。学习到目前为止，您已经明白了在反转形态出现时应当采取相应的操作，因为它的出现意味着趋势发展方向可能会发生改变。如果您是一名交易员，您必定会花费大量时间去研究那些蜡烛图表，寻找预示趋势可能发生反转的信号，从而对进出市场的最佳时机作出妥善决策。持续形态表明此形态出现之前的趋势会持续下去，无论之前是上升趋势还是下降趋势。

"窗口"这个概念跟西方技术分析中所说的"跳空"是同一个意思，然而日本的技术分析师往往认为窗口还有其独到之处（在后边的章节中我们将对其进行详细讲述）。所谓窗口，是指价格运动出现了一个没有发生任何交易行为的价格区域，这也被称为价格跳空区域。举例来说，如果 XYZ 股票今天的最高价是 50 美元，如果明天的最低价是 52 美元，这样一来就出现了 2 美元的价格向上跳空，从而形成了一个上升窗口。反之，如果 XYZ 股票今天的最低价格是 50 美元，明天的最高价格是 48 美元，我们就可以说此股票的价格向下跳空了 2 美元，从而形成了一个 2 美元的下降窗口。

上升窗口是一种看涨信号。在前一根蜡烛线的最高点和后一根蜡烛线的最低点之间存在价格缺口，说明多方正掌控着市场前进的方向，并且愿意为购买这只股票支付更高的价格。相反，下降窗口是一种看跌信号。在前一根蜡烛线的最低点和后一根蜡烛线的最高点之间存在一个没有任何价格运动轨迹的区域，这就说明空方正在驱动价格下跌，并且在这个区域多方没有进行任何反抗。

补充知识

在日内蜡烛图上观察一只在开盘时跳空高开的股票，图上往往会很快地展现出窗口是怎样被回补掉的。正因有这种情况，一些专业投机者往往靠"回补缺空"操作技巧而牟利，即朝着窗口运动相反的方向进行交易——如果一只股票的价格在开盘时出现了很大的跳空缺口，这些交易者会快速选择做空；如果股票的抛售压力足够大，股票价格就会快速回落，回补一部分或者全部的价格缺口（请不要轻易将这个操作技巧用在自己的实盘操作中，这种操作技巧存在相当大的风险，除非您是一个非常有经验的交易老手）。

日本技术分析师建议："顺着窗口形成的方向来进行交易。"这个建议非常重要，因为窗口是一种说明趋势即将持续的信号。如果多方愿意以高过现有价格若干个价位的价格来购买一只股票，那么他们将牢牢控制住市场行进方向的主导权。反过来说，如果市场走势极为疲软，以至于空方可以强迫价格以下跌若干个价位来成交，这就说明市场上目前的抛售压力无疑非常巨大。

有关上升窗口和下降窗口最常见的误解之一，就是弄错了蜡烛线的哪一部分构成了价格缺口。有些人认为只要蜡烛图实体部分不发生重叠，那么这两个实体之间的空缺就算是窗口，但这种看法并不正确。无论是在上升窗口还是下降窗口之中必须存在缝隙——无论缝隙是大还是小——只要两根蜡烛线之间的最高点和最低点没有重叠就行。如果蜡烛线的影线部分发生了重叠，那就不算是形成了窗口。必须在最高点和最低点之间存在跳空区域或者价格缝隙存在的情况下，窗口才算是真正成立。

上升窗口和下降窗口提供给我们最有用的一个信号被另一句日本谚语很好地总结了出来：反弹和下探之类的修正总是在窗口的位置止步。这句话表明窗口处往往会成为一个支撑位或者阻力位。从图3.21中您可以看出它是怎样发挥作为支撑位和阻力位作用的。

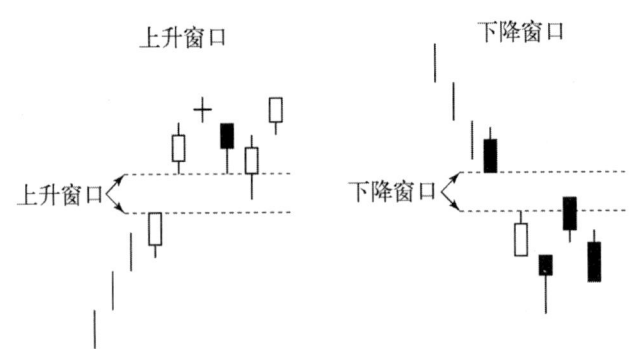

图3.21　上升窗口和下降窗口

当一个上升窗口出现时，窗口的整个价格缺口都可以被看作支撑区域。因此，如果您持有一只股票的多头持仓，市场刚刚形成了一个上升窗口，您可以期待在市场向下回踩的时候在这个窗口的价位形成支撑。当价格向下回调到此窗口中的底部位置，但是收盘价并没有低于该位置时，该窗口仍然能够发挥其支撑作用。相反的情况下，如果价格向下回踩，并且收盘于窗口底部以下的价位，则该支撑位已经被彻底击破了。因此，上升窗口发挥支撑作用的最重要区域是该窗口的底部位置的价格。

对于下降窗口而言也是同样的道理。如果形成了一个下降窗口，整个价格真空的位置就形成了一个阻力位。如果您正在考虑进行做空交易，当您看到该股票价格向上反弹时到达了窗口位置，就可以把此处当作阻力位。如果价格反弹到达窗口的顶部，但是收盘时没能收在比窗口顶部价位更高的地方，这就说明阻力位此时是有效的。但是，如果价格向上反弹并完全穿过了下降窗口，并且收盘于比窗口顶部更高的位置，这就说明之前窗口作为阻力位的作用已经完全丧失效力。在此时的市场选择做空是非常不明智的行为。总之，下降窗口的顶部价位，是其作为阻力位的最关键位置。

在本篇的下一章，您会发现很多上升窗口和下降窗口的例子。一幅图对理解的帮助胜过千言万语，那些图表和实际交易中的蜡烛图实例，可以帮助您深入理解窗口是如何在蜡烛图形态的分析中发挥其举足轻重的作用的。

能力测试

____ 1. 日线级别蜡烛图中出现上升窗口的条件是：
   a. 两个相邻的蜡烛线的实体部分互不交叉
   b. 今日蜡烛线下影线的最低点跟昨日下影线的最低点相同
   c. 今日蜡烛线的最低点跟昨日的最高点几乎相同
   d. 以上都不正确

____ 2. 下降窗口是一个：
   a. 看涨趋势即将持续的信号
   b. 看跌趋势即将持续的信号
   c. 看涨趋势即将反转的信号
   d. 看跌趋势即将反转的信号

____ 3. 一个有效窗口的价格空隙最小值是：
   a. 50美分
   b. 1美元
   c. 多少都行，甚至1美分也可以
   d. 10美分

____ 4. 上升窗口的价格空隙越大，说明：
   a. 之后的价格运动趋势就会越强烈
   b. 支撑位置的区域也就越大
   c. 支撑位置的区域也就越小
   d. 市场越有可能从上升趋势反转到下降趋势

____ 5. 上升窗口的哪个部分可以作为支撑价位？
   a. 只有窗口顶部的价格
   b. 只有窗口底部的价格
   c. 整个的窗口
   d. 窗口被关闭一半的位置

___6. 一个大级别的下降趋势中出现了一个看涨蜡烛线信号，这预示：

    a. 做空

    b. 做多

    c. 空仓等待

    d. 等待反弹机会考虑卖出平仓

___7. 一波上升趋势中出现了一个看跌蜡烛线信号，那么此时市场中的超买情况越严重，则原本上升趋势的脆弱性就会：

    a. 越轻

    b. 越严重

    c. 不会变化

    d. 两者之间没有关系

___8. 如果一个支撑位置或阻力位置上同时出现的蜡烛图技术和西方技术分析信号越多，这就表明：

    a. 离开支撑位或者阻力位的价格运动就会走得越远

    b. 出现反转的可能就越大

    c. 出现反转的可能就越小

    d. 以上说法都不正确

___9. 在图 3.22 之中，哪一幅图属于窗口形态？

    a. 图 2 和图 3 都是

    b. 全部都是

    c. 图 1 和图 4 都是

    d. 图 2 是

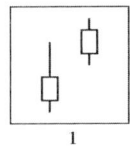 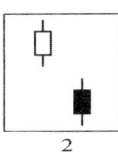 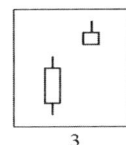 

  1   2   3   4

图 3.22　问题 9

请根据图 3.23，回答问题 10~13：

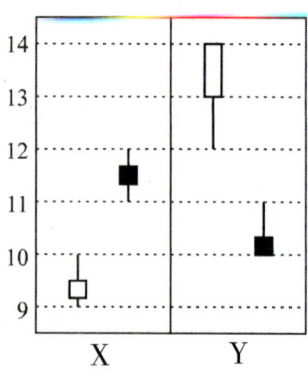

图 3.23　问题 10~13

____10. X 股票中的上升窗口可以作为支撑位的区域是：

    a. 10 到 9 的价格区域

    b. 11 到 10 的价格区域

    c. 12 到 11 的价格区域

    d. 11 代表的价位

____11. X 股票上升窗口中的哪个价位是支撑位之中最重要的价格？

    a. 12

    b. 11

    c. 10

    d. 9

____12. Y 股票的下降窗口中可以作为阻力位的区域是：

    a. 12 到 13 的价格区域

    b. 10 到 11 的价格区域

    c. 11 到 12 的价格区域

    d. 10 到 12 的价格区域

____13. Y股票下降窗口中哪里是阻力位之中最重要的价格？

  a. 12

  b. 14

  c. 11

  d. 10

根据图3.24，回答下面两个问题：

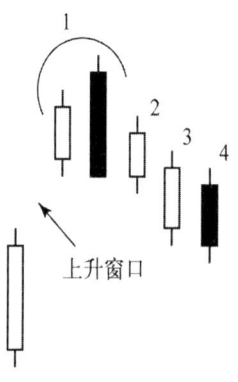

图3.24 问题14~15

____14. 标识1表示的是什么蜡烛线形态？

  a. 乌云盖顶

  b. 塔形顶部

  c. 看涨吞没形态

  d. 看跌吞没形态

____15. 哪根蜡烛线使看跌吞没形态被确认为一个看跌信号？（提醒读者：这幅图中有一个小小的上升窗口）

  a. 3号蜡烛线

  b. 4号蜡烛线

  c. 2号蜡烛线

  d. 使看跌吞没形态完成的那条黑色蜡烛线

参考答案

1. d

   【解析】上升窗口的形成，要求在日线蜡烛图中今日最低价高于昨日最高价。也就是说，今日的下影线必须高于昨日上影线，两者之间不能有价格的任何交叉。

2. b

   【解析】下降窗口是一个预示看跌趋势将会持续的信号，在价格向上反弹的时候它会起到阻力位的作用。看跌持续信号的出现，意味着之前那强有力的下降趋势在信号出现之后会沿着原来的方向继续下去。而上升窗口是看涨趋势即将持续的信号，它表明之前的上攻反弹在窗口出现之后仍然有持续上攻的力量。因此，在上升窗口之后上升趋势中的回调，往往会在窗口的价位获得支撑。

3. c

   【解析】窗口形态的确立跟价格空隙的大小无关。即便是窗口的价格跳空只有1美分的空间，它也是有效的。窗口将会起到支撑位或阻力位的作用，具体是支撑还是阻力取决于它是上升窗口还是下降窗口。

4. b

   【解析】一个大幅的上升窗口说明市场获得了一个很大的支撑区域。要记住窗口的整个空间都属于潜在的支撑位。市场上升趋势中的回调会进入这个窗口支撑区域里边多深才开始反弹，我们不能具体得知。选择a不正确，因为我们并不是用蜡烛图技术来预测股价走势。

因此，即使一个市场出现一个跳空很大的上升窗口，这个形态也并不一定能说明市场上做多的力量已经非常强烈了。

5. c

【解析】在上升窗口和下降窗口中，整个窗口区域都是非常重要的。上升窗口可能会变成一个未来的支撑位，而下降窗口可能会变为一个未来的阻力位。

6. d

【解析】无论您使用的是什么技术分析工具，需要一直牢记在心的是，您必须顺着市场主流趋势方向进行交易。如果市场当前的主流(长期)趋势是下降，而在此时出现了看涨蜡烛线信号，您应该更加警觉，如果该信号引发了一波向上的反弹行情，那么您就可以考虑在价格到达阻力位的时候卖出手中的持仓。尽管这道题里所呈现的蜡烛图形态是看涨的，但在不断抛售压力的驱动之下，看跌趋势却是当前市场占主导地位的主流趋势。这同样说明，如果当前市场占据主导地位的是上涨趋势，在短期回调时出现一个看涨蜡烛图形态，那么我们就可以考虑开始买入股票建立多头持仓。这种交易方法能够确保我们按照市场的主流趋势进行交易。

7. b

【解析】运用蜡烛图的关键要点之一，就是要记住这些蜡烛图形态能够为您的交易提供反转信号。如果市场已经涨了很多，或者跌了很多，出现意义非凡的反转信号的可能性就会大大增大。因此，如果市场日渐陷入超买状态并且出现了看跌的蜡烛信号,那么市场随时有可能出现反转。

8. b

【解析】虽然在这本书中我们把主要精力集中在对蜡烛图的分析上,但是一定要记住,蜡烛图如果和西方图表技术分析技术结合起来,其威力将会如虎添翼。特别是,如果市场上出现一个非常明显的西方技术信号,比如移动平均线成了有力的支撑线,同时在移动平均线的支撑位置出现了重要的蜡烛图信号,那么趋势发生改变的概率就会大大增加。但是一定要记住,虽然蜡烛图信号和西方技术信号在同一个支撑或阻力区域同时出现并形成相互确认,这能够大大增加市场趋势反转的可能性,但是这并不能预测出市场反转发生之后价格趋势能够延续多久。

9. a

【解析】窗口这个概念和西方技术分析中的跳空是同义词。这个概念描述的是窗口所处的两个相邻的蜡烛线之间没有任何的价格交叉。图2和图3分别描述的是下降窗口和上升窗口;在图1和图4中,尽管这两个蜡烛线的实体部分并没有发生交叉,但是它们不能算是窗口,因为二者的影线之间已经相互交叉。如果要形成一个窗口形态,蜡烛线的任何一个部位,包括其上(下)影线,都不能有任何交叉重叠。

10. b

【解析】上升窗口支撑区域包括整个缺口空间。在这幅图中,窗口从11到10这个区域就是蕴含支撑效力的区域。

11. c

【解析】窗口从 11 到 10 的整个区域都是蕴含支撑效力的区域,但是上升窗口最关键的支撑位置是窗口底部的价位。在这个例子中,窗口的底部是在 10 的价位。

12. c

【解析】下降窗口的阻力区域也是整个窗口的空白区域。在这张图表中,由于价格从 12 向下跳空至 11,所以那个区域就成了阻力区域。

13. a

【解析】虽然下降窗口的整个窗口空白区域都是阻力区域,但是最重要的阻力价位就是窗口的顶部。在这个例子中下降窗口的顶部是在 12 的价位上。

14. d

【解析】黑色蜡烛线的实体吞没了前面上涨行情中白色蜡烛线的整个实体部分,从而形成了看跌吞没形态。

15. b

【解析】虽然看跌吞没形态是一种非常典型的顶部反转信号,但是在分析当中把这种蜡烛图和最近的价格运动轨迹联系起来也是极为重要的。在本题这个例子中,看跌吞没形态的白色蜡烛线向上跳空,比上一交易时段的那根蜡烛线高出许多,从而形成了一个有多头含义的上升窗口。这样一来，在看涨上升窗口的支撑区域形成了看跌吞没形态，根据"上升窗口具有支撑的作用"这一理论，您需要等到有一根蜡烛线的收盘价收在窗口之下，从而使上升窗口彻底关闭的时候，才能确认这个看跌吞没形态对市场下跌的驱动和预警作用。上升窗口的彻底关闭是在4号蜡烛线的位置。来看一下3号蜡烛线那天的情况，价格向下击穿了上升窗口的支撑区域，但这是在蜡烛线的日内交易当中暂时性的击穿，并不是收盘在窗口之下的价位。为了确认上升窗口的支撑力量已经彻底失去效力，我们必须等到价格收盘于上升窗口底部价位之下的时候才可以，而这种情况在4号蜡烛线的时候出现了。

第四篇

把握市场机会

正如一句日本谚语所说：抓住摆在眼前的机会。在这一篇里，我将呈现给大家一些蜡烛图在实战中的应用方法，以便帮助您学会运用蜡烛图表来把握住市场机会。本篇第一章中提供的蜡烛图案例是一个实盘交易中的真实案例。

学习目标

◎能够运用蜡烛图保护您的交易资金

◎能够通过蜡烛图得出市场反转的早期信号

◎掌握蜡烛图对支撑线或者压力线的确认方法

◎掌握运用多个蜡烛图信号来确认支撑线或者压力线的方法

◎能够将蜡烛图和西方技术分析工具轻松地融合在一起

◎能够获得一个目标价位

◎掌握蜡烛图形态传递出的信号并运用它来作出进场和离场的交易决策

◎能够运用日内蜡烛图信号

◎掌握这样一种技术：运用较长时间周期的蜡烛图来找到市场的支撑位和阻力位；运用较短时间周期的蜡烛图来找到买点和卖点

在本篇第二章里，我们将对本书第一篇、第二篇、第三篇所学的各种交易技巧加以融会贯通。请您记住，本章接下来的内容中介绍的这些分析技术可以应用于任何类型的交易市场，比如期货市场、股票市场、固定收益债券市场等，也适用于任何时间周期的蜡烛图，从1分钟级别蜡烛图到月线级别蜡烛图都适用。另外，期权交易者也可以把蜡烛图作为作出买入和卖出决策的工具。只要价格走势具备开盘价、最高价、最低价和收盘价，那么蜡烛线就一定能够发挥其分析作用。但是跳动点图和对冲基金就不能应用蜡烛图，因为这两者都只有收盘价。

本篇有两大目的：将前面各个章节所讲述的基本概念融会贯通，同时给出一些更高层次的交易概念，我曾经在其他指导资料中讲到过这些概念（这些指导资料，在本书最后的总结中将会涉及）。

第一章　蜡烛图应用

如果将蜡烛图运用得法，它不仅能够帮助您赚得更多的利润，而且可以帮助您更好地保护自己的本金。蜡烛图能够帮助您避免可能发生的损失或者及时锁定到手的利润获利离场。图4.1展示的就是一个锁定利润获利离场的案例。图中的虚线表示市场的阻力位是在135元附近。3月上旬，一条坚挺的白色蜡烛线击穿了这个阻力位。对于那些持有这只股票的投资者们而言，这个信号无疑是为他们亮出了做多道路上的绿灯，告诉他们继续保持看多的投资态度。

但是我们发现接下来出现的那根蜡烛线是个十字线。这根十字线的出现说明多方已经失去了对市场的绝对主导权（但是这也并不意味着空方已经彻底掌握了市场的主导权）。投资者此时的操作应该是考虑获利了结，或者调高卖出止损的设定价位，如果这是期权交易就卖出看涨期权。这就是体现蜡烛图巨大实战威力的一个经典案例：只需要知道在一个交易时段内发生了"十字线"这样一个简单的事实，我们就可以明显地得出线索，发现市场虽然仍处于继续上攻的状态，但是十字线正在向我们传达信号：多方已经无力将整个市场完全地控制住。虽然表面上看起来市场还是很健康，内部（正如十字线所传达的信息）却在释放出市场暗含杀机的信号。这个市场，正如一句日本谚语所描述的："就像是一艘涂满光鲜亮丽的油漆，但却正在漏水的船。"

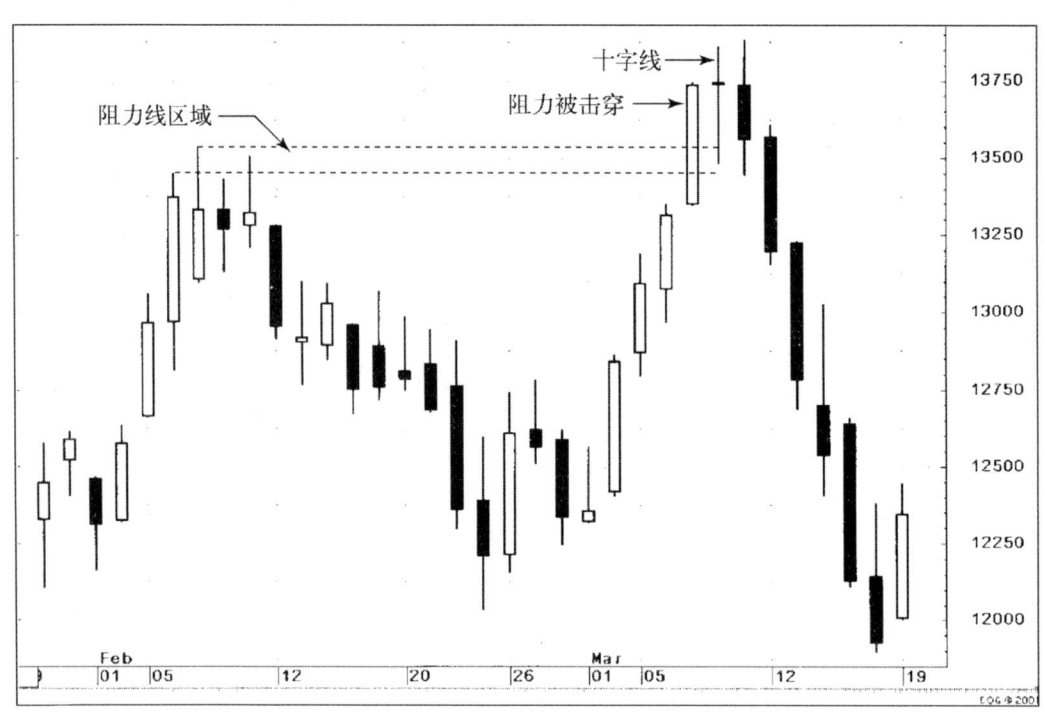

图 4.1 石油服务业指数:日蜡烛图（运用蜡烛图保护交易本金）

有个关键之处需要强调，在同一个支撑或阻力区域同时出现的技术信号越多，后市形成反转的可能性就越大。这里所说的同时出现的信号多种多样,既可以是蜡烛图技术信号,也可以是经典的西方技术分析信号。如果蜡烛信号与西方技术分析信号相互形成了确认,那就会如日本谚语所说的"就像右手帮助左手一样",发挥很大的协同效力。图4.2和图4.3就是将蜡烛图和西方技术分析结合应用并发挥效果的典型案例。图4.2展示了蜡烛图是如何确认一个阻力位以及我们是如何使用西方技术分析工具来获得目标价位的。图4.3展示了蜡烛图怎样帮助您来确认市场的底部。

图 4.2 半导体指数:日蜡烛图(运用蜡烛图确认阻力位)

图4.2中出现的那根墓碑十字线,使得420美元这个阻力位的作用得到进一步加强。如果有其他技术分析信号正好出现在墓碑十字线的位置或者接近墓碑十字线的位置,这就会使这根十字线的指示性意义得以强化。正如本书前文所讲到的,蜡烛图技术的局限性

在于我们通常不能用它来得出目标价位。但我们可以运用西方经典技术分析来寻找支撑线与阻力线或者关键的高点与低点，从而得到价格运动的目标价位，这也是西方技术分析的重要性所在。请您记住这一点，然后我们把注意力放到蜡烛图上，来看一下这个在420到370美元的价格区间里边横盘震荡的股价走势。一旦墓碑十字线确认了横盘震荡的最高点是在420美元，那么当股价运动到这个价位的时候交易员就可以考虑在此价位做空，而平仓的目标价位则是震荡箱体的底部370美元附近。而在图中这个目标价位很快就实现了。

在图4.3中展现的看涨吞没形态作为一个反转预警

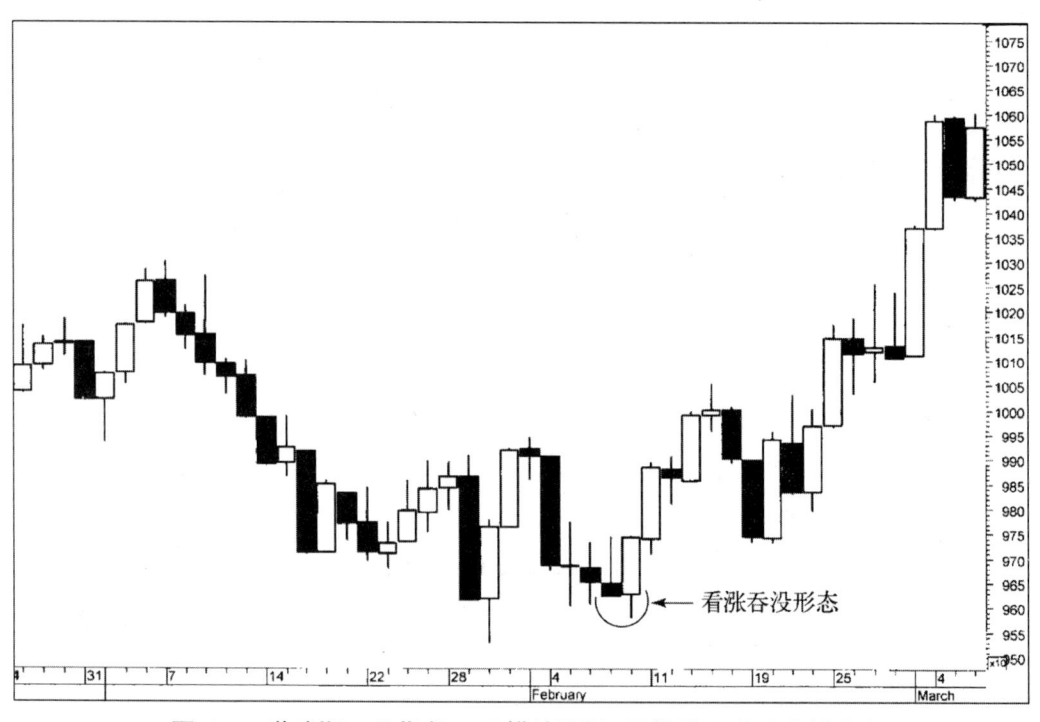

图4.3 道琼斯工业指数：日蜡烛图（运用蜡烛图确认支撑位）

信号的重要性被大大加强，其原因在于以下两个方面：一是这个看涨吞没形态确认了从1月下旬的最低价处画出的支撑线的有效支撑作用。二是虽然最标准的看涨吞没形态要求白色蜡烛线吃掉先前的黑色蜡烛线，但是图中这个看涨吞没形态则是白色蜡烛线吞没了先前的三个实体部分较小的蜡烛线（其中一个还是十字线）。虽然这并不必然意味着股价会比普通的看涨吞没形态出现后上涨得更多（请记住蜡烛图并不能预测目标价位），但是却大大增强了价格反转的概率，同时也让这个价位作为一个买点更加具备吸引力。

在图 4.2 和图 4.3 中，我想要展示的是要把蜡烛图分析工具和西方技术分析工具结合起来运用（请注意本书只是谈到了这个理念的九牛一毛。请通过更多的学习资料将移动平均线、成交量、布林线和蜡烛图形态等结合起来作出投资结论）。

多个蜡烛图信号共同出现，和多个西方技术分析信号共同出现有相似的作用。这就意味着，当您发现越多的蜡烛图信号共同对一条支撑线或者阻力线的作用进行确认，比如锤子线确认了看涨吞没形态所形成的支撑位，那么市场发生反转的概率也就越大。图 4.4 诠释了多个蜡烛图信号共同出现的影响力，同时也说明了可以在日内分时图表上便捷地应用蜡烛图技术。

图 4.4 美国运通公司:60 分钟蜡烛线(蜡烛图的密集出现)

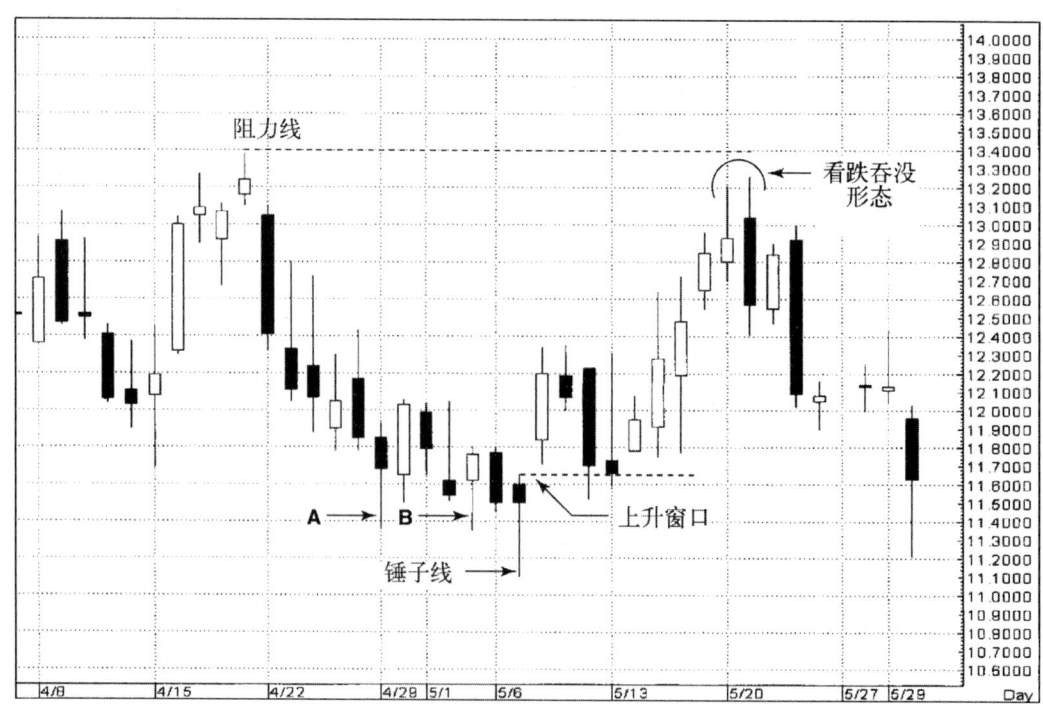

图 4.5 逆向技术公司:日蜡烛图(运用蜡烛图信号离场、进场)

图 4.4 展示的是一个下降窗口，图中从 39.8 美元到 40.20 美元之间是一个阻力位，所以投资者可以在股价上升到这个阻力位区域的时候卖出持仓的股票。在蜡烛线 A 中该股票到达了这个阻力位。虽然该股票已经到达阻力位，是否应该在这根高大的白色实体出现时选择建立空头持仓？我并不建议这么做，尽管此时的市场已经到达了一个阻力价位之上！

请注意蜡烛线 A 之后出现的状况，正如区域 B 所示，市场上出现了一连串的实体部分较小的蜡烛图（纺锤线）。这些较小的实体是在警示我们，多方已经非常乏力，这说明市场在运行到下降窗口的价位所形成的阻力位区域附近时的心态是犹豫不决的，这个时候才是建立空头持仓的大好时机。当然，如果市场的收盘价是一个高于下降窗口顶部的价位（即 40.20 美元）则另当别论，我们就应该重新考虑是否还要建立空头持仓。正因为我们发现有一个蜡烛图信号（下降窗口）形成了阻力位，并且另一个蜡烛图信号（一连串实体较小的蜡烛线），二者共同确认了一个事实，那就是在下降窗口价位附近的股票供给（或者叫卖出压力）正在急剧膨胀。

因为蜡烛图传递反转信号的速度往往比棒线图要快得多，蜡烛图会在帮助您进行买卖时机的选择方面发挥超凡效力。的确，我们有一些咨询类客户运用基本面分析来决策应该投资于哪个市场以及具体的投资标的，然后利用蜡烛图分析来进行具体买卖时机的选择。图 4.5 展示了一个交易员是如何使用蜡烛图来对进出市场时机进行决策的。

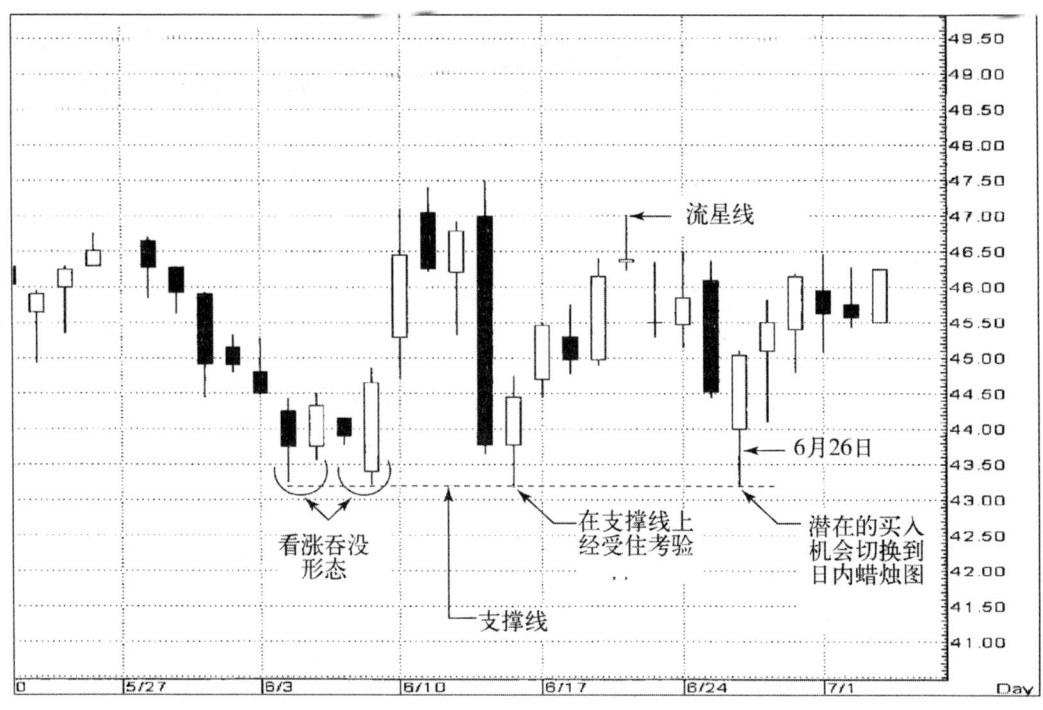

图4.6A　Hand　R.Block：日蜡烛图（运用日内蜡烛图信号）

图中显示市场在5月7日出现了一条锤子线（虽然具有上影线，但此上影线很短，符合锤子线的定义标准）。在此基础上，我们把A跟B蜡烛线上的看涨下影线与其结合起来分析，这就构成了一个强烈的暗示，暗示市场为接下来的反弹构筑底部。我们可以在锤子线出现时建立多头持仓，把止损位设在锤子线的下影线底端的位置上。在锤子线出现的下一个交易日，市场形成了一个上升窗口，这又是一个积极的看多信号。在形成上升窗口几天之后，市场出现了一定的回调，但是蜡烛线的收盘价并没有跌破上升窗口所构成的支撑位（请记住，如果图中股价发生回调，收盘价跌到了上升窗口形成的支撑位的下方，这就说明窗口的支撑作用已经失去效力）。既然这条支撑线依然有效，我们就可以继续持有手中的多头持仓。再来看一下5月13日所在的那一周里，市场出现了上升走势。当上升到了 13.3 美元的阻力位(4 月 19 日的最高价，图中的虚线画线处)时，出现了一个看跌吞没形态，这就给市场提供了一个强烈的警示信号，告诉那些在锤子线附近位置建仓做多的投资者们此时应该获利了结落袋为安。

交易员以日内蜡烛图为工具，从而在投资操作中如虎添翼的操作方法有很多，在图 4.6A 和图 4.6B 中，我将展示这诸多操作方法中的一种。

图 4.6B　Hand　R.Block：5 分钟 K 线图(运用日内蜡烛图信号)

在图 4.6A 中我们可以发现，在 43.25 美元附近是一个坚固的支撑位。这个支撑位是由 6 月 3 日所在那一周的两组看涨吞没形态所构筑起来的。这两个看涨吞没形态所构筑的这个最低防线成功地抵御住了 6 月 14 日的市场下跌。接下来多方从 6 月 14 日开始发动了一波上攻反弹，这波反弹直到在 47 美元附近出现一根流星线的时候才戛然而止。流星线出现之后市场开始回调，在 6 月 26 日下降到了 43.25 美元,这个位置也正是先前所形成的支撑区域，您可以考虑在这个位置买入。为了让我们对买入时机的决策更为精准，我们可以在日内分时蜡烛图上看一下，股价在日内分时蜡烛图上接近 43.25 美元的时候是否出现了买入信号。现在我们将该股票的蜡烛图切换到如图 4.6B 所示的 5 分钟级别蜡烛图。

在这幅 6 月 26 日的 5 分钟级别蜡烛图中，虚线代表的是日线级别蜡烛线图（见图 4.6A）中所说的那个 43.25 美元左右的支撑线区域，这个价位的支撑作用被一根锤子线加以进一步确认。所以我们可以将这根 5 分钟级别蜡烛图上出现的锤子线作为买入依据，因为它确认了日线级别蜡烛线图上的支撑线的作用。这两幅图说明了一个重要的概念，就是使用长期时间周期的蜡烛图（日蜡烛图）来得到支撑线或者阻力线，然后使用短期时间周期蜡烛图（5 分钟蜡烛图）来选择具体的交易买卖时机。这个概念的应用可以扩展到任何级别的双时间周期蜡烛图。例如，您可以运用周线级别蜡烛图来得到一个支撑价位，然后观察股价运行到临近这个支撑价位时的日线级别蜡烛图，在这个更小级别的蜡烛图上寻找有价值的看涨蜡烛信号作为选择买入点位的依据。

第二章 交易原则总结

在本篇上一章，我们给出了几个真实交易中的蜡烛图案例，以便您更好地体会到我们在本书第一篇到第三篇中所学的技术分析工具在实盘交易中是如何运用的。接下来我们将要帮助读者总结出之前章节所讲的关键概念与交易技巧。

请读者注意，下列所述的交易规则会受到市场条件和环境的影响和制约。比如根据本章所列出的交易原则，北方十字线通常毫无疑问地比南方十字线在预测反转方面有更大的意义。但是如果南方十字线是在市场的一个关键支撑价位出现，从而对此价位的支撑效力提供了有效确认，那毫无疑问我们应该密切关注这条南方十字线。这个例子告诉我们，在识别蜡烛图信号和运用这些原则的时候，将其放在当前的市场大环境中进行观察分析是十分重要的。

交易原则

◎如果蜡烛线的实体逐渐变小，这就说明之前的趋势已经开始失去动力。

◎蜡烛线实体的长度越长，它推动趋势前进的动力也就越强。

◎技术信号同时出现得越多——无论是东方蜡烛图产生的信号还是西方技术分析系统中的信号——如果它们都确认了同一个支撑位或者阻力位，那么股价在这个支撑位上产生反弹或者在阻力位上开始回调的可能性也就越大。

◎北方十字线通常比南方十字线更具预测意义。

◎市场在上涨趋势中出现一连串带有长上影线的蜡烛线，这就暗示多方已经没有能力彻底主导市场的方向。

◎市场在下跌趋势中出现一连串带有长下影线的蜡烛线，这就暗示空方已经没有能力彻底主导市场的方向。

◎上升窗口和下降窗口分别是看涨和看跌的持续形态。

◎位于箱体震荡趋势中的十字线并不是一种重要的交易信号，因为它前边并没有什么确定的趋势可供反转。

◎最好是把蜡烛图当作一个工具，而不是一个交易系统。

◎只有在阻力位或者支撑位被收盘价击穿时，才有必要考虑其阻力或支撑作用已经失去。

◎如果您发现了一个反转信号，只有在这个反转信号指示的方向与市场主要趋势的方向一致时，才可以考虑建立新的持仓。

◎永远不要在没有衡量好一笔交易的潜在风险与回报比率之前就贸然使用蜡烛图来交易。

◎可以根据蜡烛图信号来界定支撑位和阻力位。

◎蜡烛图并不能给出目标价位。

◎应该等到蜡烛图最后一个时段的交易结束时才能真正确认一个蜡烛图信号。

◎确认一个上吊线，需要在上吊线后边出现一个收盘价低于上吊线实体的蜡烛线信号与它形成相互确认，这样才能确认它的看跌意义。

◎在分析单根的蜡烛线时，应该既考虑其实体也考虑其影线。

◎时刻牢记住止损指令的重要性。

◎上升窗口的整个空白区域都构成一个支撑区域，其中最重要的价位就是上升窗口底部的位置。

◎下降窗口的整个空白区域都构成一个阻力区域，其中最重要的价位就是下降窗口顶部的位置。

第五篇

蜡烛图分析技术进阶

第五篇　蜡烛图分析技术进阶

在我的研讨会上，学生们最喜欢问的问题就是："有什么方法可以更好地掌握蜡烛图技术？"我的回答是：把蜡烛图打印出来，然后用一张白纸把这幅图蒙住。把这张白纸从左到右轻轻地拉动，每次露出一根或者几根蜡烛图，分析这些露出来的一根或者多根蜡烛图，然后问问自己："目前露出来的这些蜡烛线是什么形态？它们传达出了什么样的交易信号？"

为了让您更好地掌握本书所讲的蜡烛图分析技术，我们将在下文做一下上述的操作，逐一剖析暴露出的每一根蜡烛线。我们将对五个月内的蜡烛图信息逐天进行分析。整个蜡烛图将被拆分成为44个部分，每一部分结束后进入下一部分的时间单元：比如说，第3幅图中的蜡烛图截止日期是6月15日，第4幅图则包括第3幅图的内容以及下一个交易日的蜡烛图。

答案里边涉及的蜡烛图技术都基于本书中所讲的分析理念。对蜡烛图技术非常熟悉的读者可能会在下面的图表中发现一些答案中没有提到的信号，这是因为某些蜡烛图形态和技术超出了本书所讲的内容范围。虽然如此，您还是可以运用本书所介绍的基本概念来快速提高分析市场的能力，从而更好地发现蜡烛图所发出的重要信号并将其加以有效运用。

互动问题

对于44幅图中的每一幅图，请您都问一问自己这些问题：

1. 我现在看到的是什么蜡烛图形态？
2. 这个蜡烛图形态包含什么技术意义？
3. 这根蜡烛线跟之前的价格运动趋势有什么联系？
4. 最近或者更早的价格走势里边可以发现什么重要的信息？

在本章的末尾处，我将会给出我的答案和对市场的观点，这些都将展示在图5.45～图5.88之中。

第五篇 蜡烛图分析技术进阶

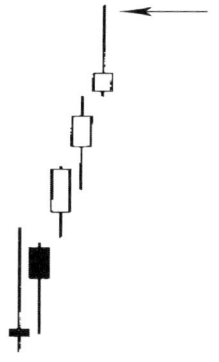

图 5.1 问题 5.1

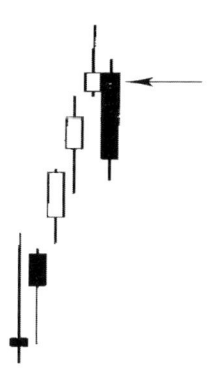

图 5.2 问题 5.2

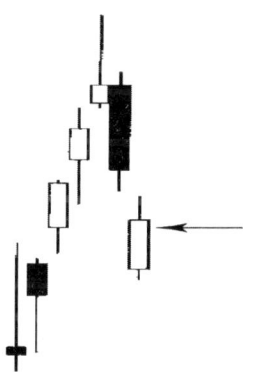

图 5.3 问题 5.3

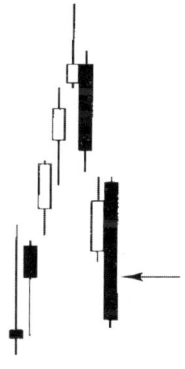

图 5.4 问题 5.4

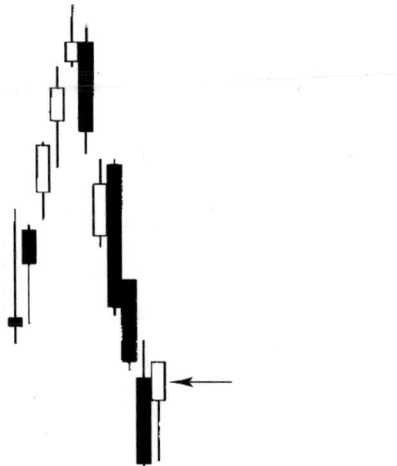

图 5.5　问题 5.5

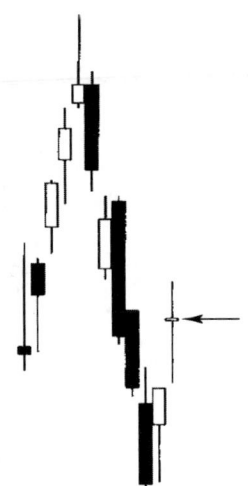

图 5.6　问题 5.6

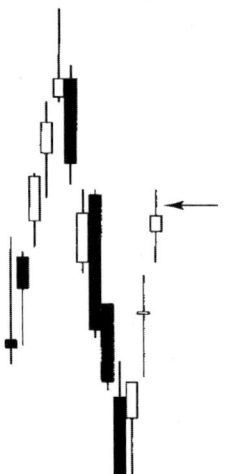

图 5.7　问题 5.7

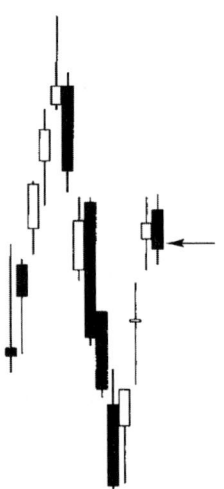

图 5.8　问题 5.8

第五篇　蜡烛图分析技术进阶

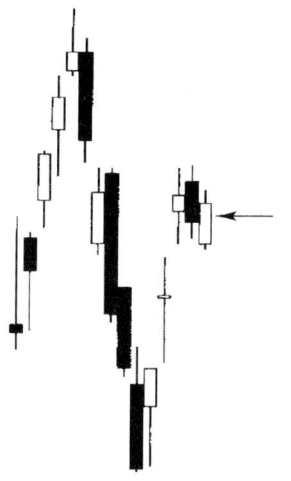

图 5.9　问题 5.9

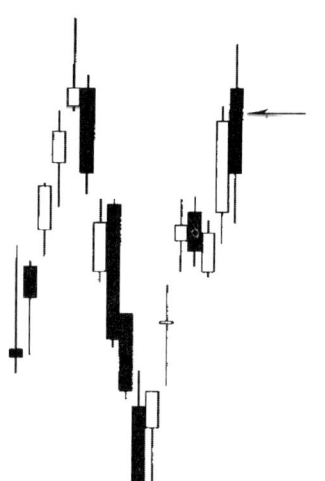

图 5.10　问题 5.10

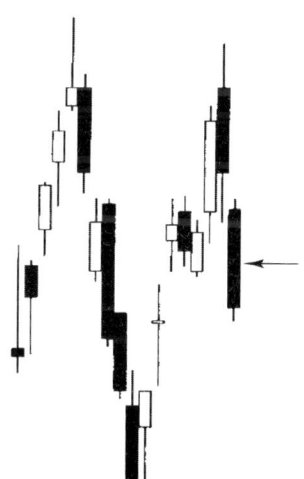

图 5.11　问题 5.11

图 5.12　问题 5.12

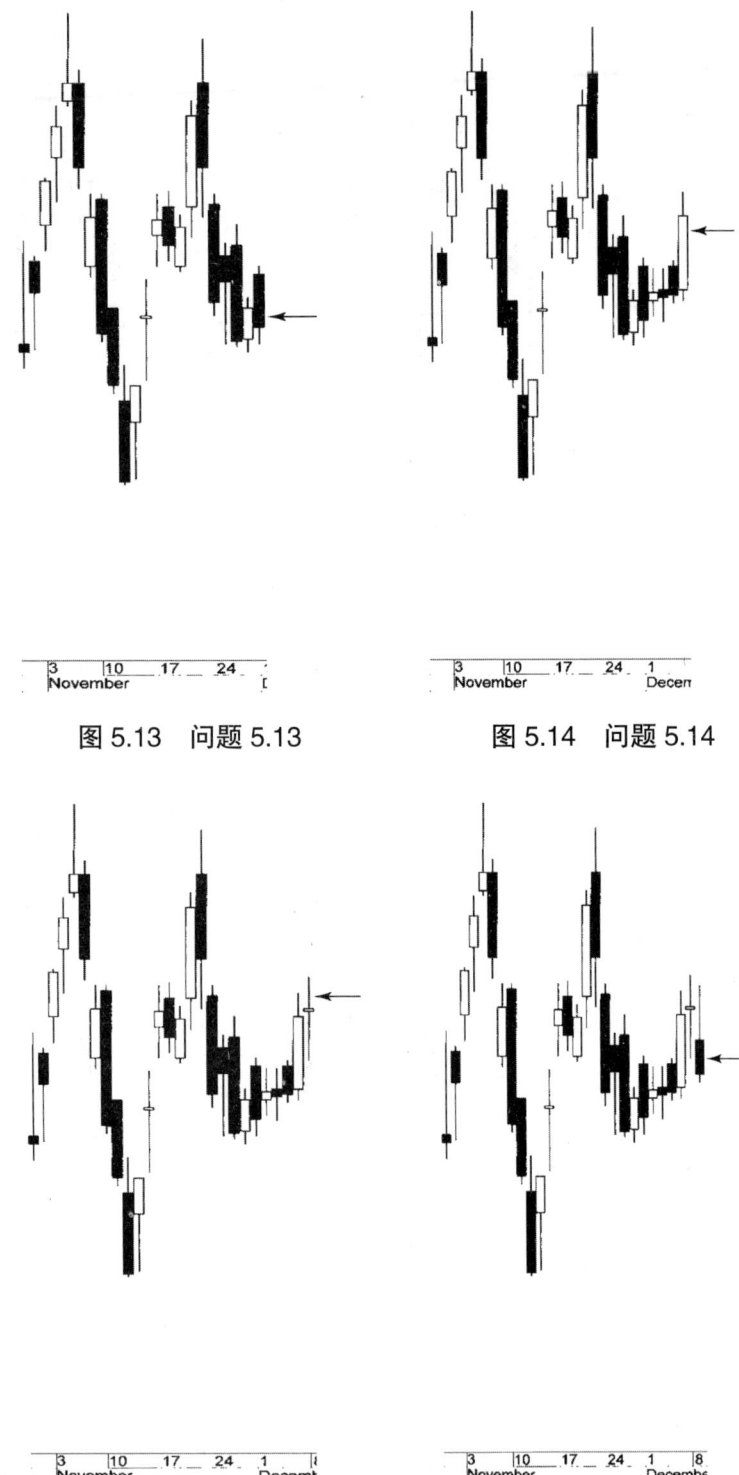

图 5.13　问题 5.13　　　　　图 5.14　问题 5.14

图 5.15　问题 5.15　　　　　图 5.16　问题 5.16

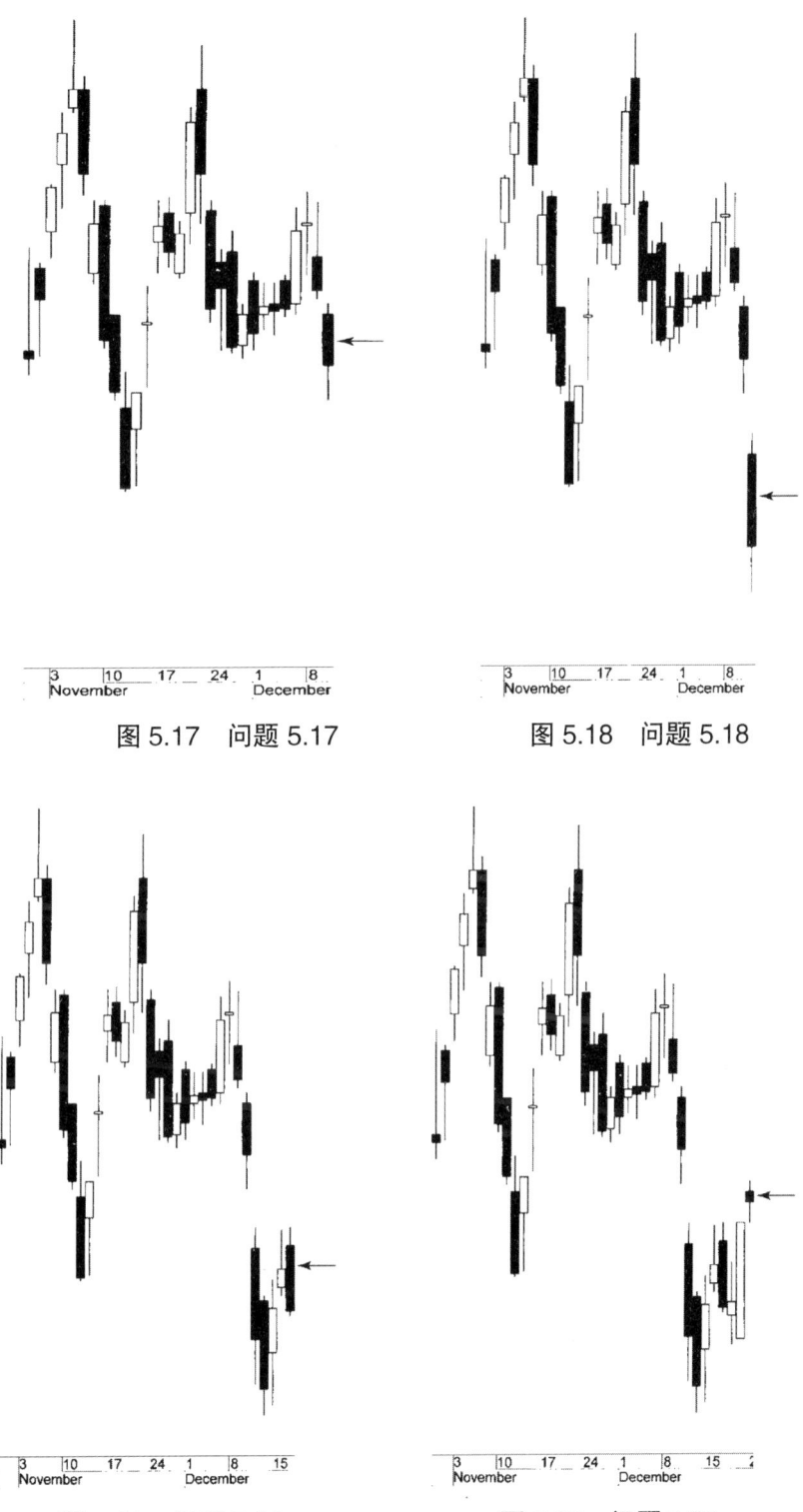

图 5.17　问题 5.17

图 5.18　问题 5.18

图 5.19　问题 5.19

图 5.20　问题 5.20

图 5.21 问题 5.21

图 5.22 问题 5.22

图 5.23　问题 5.23

图 5.24　问题 5.24

图 5.25　问题 5.25

图 5.26　问题 5.26

第五篇 蜡烛图分析技术进阶

图 5.27 问题 5.27

图 5.28 问题 5.28

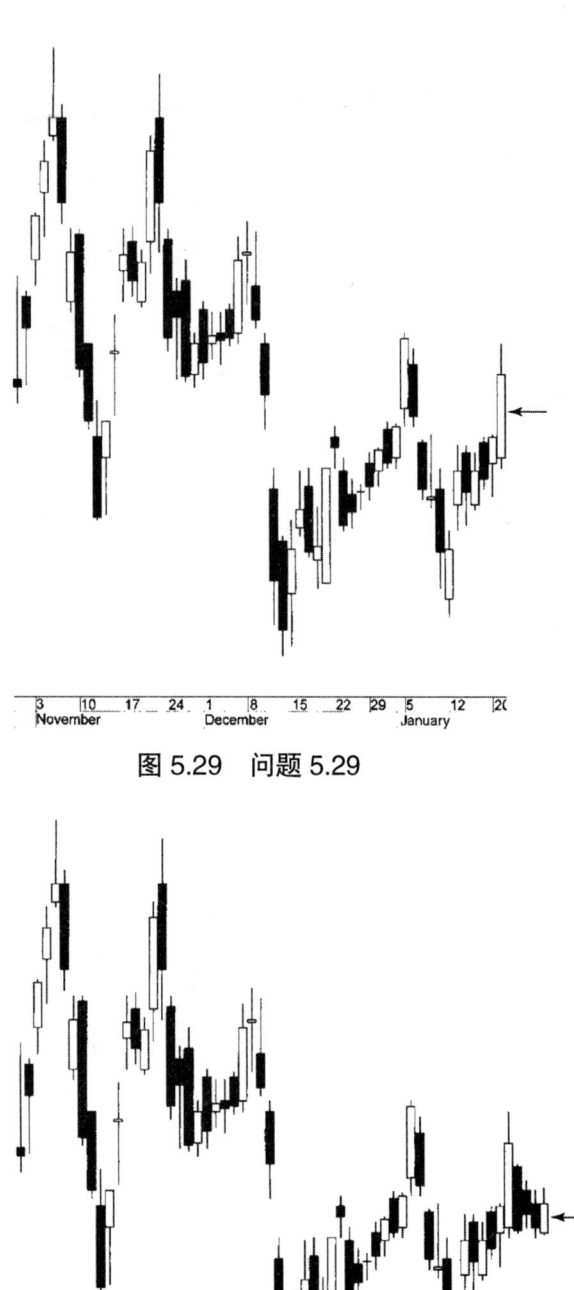

图 5.29　问题 5.29

图 5.30　问题 5.30

图 5.31　问题 5.31

图 5.32　问题 5.32

图 5.33　问题 5.33

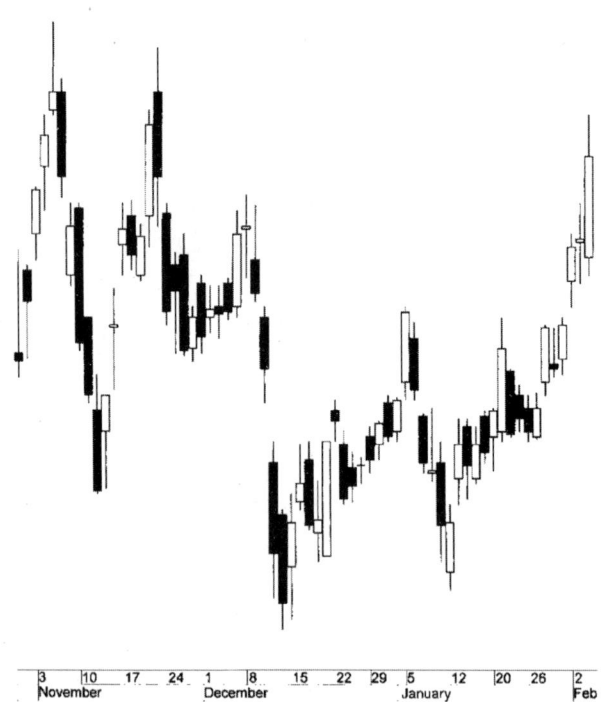

图 5.34　问题 5.34

图 5.35　问题 5.35

图 5.36　问题 5.36

图 5.37 问题 5.37

图 5.38 问题 5.38

·198·

第五篇　蜡烛图分析技术进阶

图 5.39　问题 5.39

图 5.40　问题 5.40

·199·

图 5.41　问题 5.41

图 5.42　问题 5.42

图 5.43　问题 5.43

图 5.44　问题 5.44

答案和市场观点

在图 5.45 中，虽然此时的市场仍在积极上攻，但是从图中箭头所指之处的蜡烛线来看，仍然可以发现两件事：多方在最后一天上攻到日内波动的高点之后已经开始撤退；而空方也聚集了足够的做空力量，足以压倒多方。无论发生哪种情况，引发的结果都是一样的：市场上攻到日内价格波动区间的高位后停顿下来，然后收盘于当日价格区间中的较低位置。这样的一根蜡烛线就叫作流星线，用日本人的说法就是"前边即将遇到麻烦"。

在图 5.46 中，一根实体部分较长的阴线将昨日流星线那较小的实体包裹了起来，这就使得这个流星线的看跌意味进一步增强。这样一来就形成了一个看跌吞没形态，从而大大增强了市场形成顶部的概率（如果多方有充分的力量把价格推高到流星线的最高价以上，那将形成一个向上突破的看涨形态）。在此我想谈一下这个看跌吞没形态的有趣之处。当你刚看到这个看跌吞没形态的时候，可能会觉得它跟西方技术分析中"关键反转日"这个概念比较类似。"关键反转日"发生于市场在上攻的途中创出新高的情况下，但是收盘价却是在前一天收盘价之下，从而，形成一个看跌信号。从这个看跌吞没形态来看，实体部分较长的阴线并没能创出价格新高。如果以棒线图的形式展现，我们将无法从中看出反转形态。形成看跌吞没形态所需要的条件，是一个黑色实体把前面的白色实体完全覆盖住，就像这幅图所呈现的一样。值得一提的是，我们通过蜡烛图才能发现这样一个看跌反转信号，如果用的是传统的棒线图，我们则无法获得这样一个重要信号。

第五篇 蜡烛图分析技术进阶

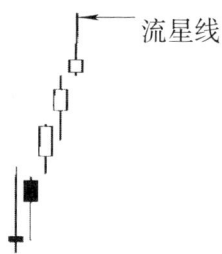
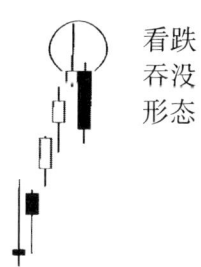

图5.45 问题5.1答案   图5.46 问题5.2答案

在图5.47中出现了一个小小的下降窗口,这进一步加强了市场所形成的看跌吞没形态的看跌意味。尽管此时出现的只是一个小小的下降窗口(对于窗口而言,大小其实并没有多重要),这个窗口此时充当了阻力位的作用。

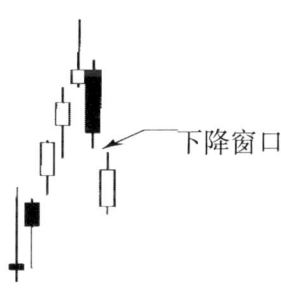
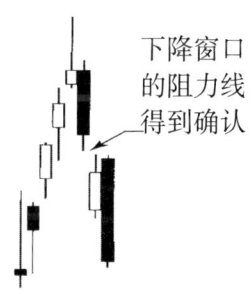

图5.47 问题5.3答案   图5.48 问题5.4答案

·203·

在图 5.48 中，一个实体部分较长的黑色蜡烛线确认了昨日下降窗口作为阻力位的作用。虽然实体部分较长的蜡烛线把前一天的白色实体包裹在内，但这里并不能形成看跌吞没形态。原因在于，要成立一个看跌吞没形态，要求在它之前必须有一波上涨行情，而不能是下跌行情。这幅图中却展示之前是一波下跌行情。虽然这里并未形成看跌吞没形态，但这根实体部分很长的黑色蜡烛线的出现，为当前的走势在技术面上走坏起到了推波助澜的作用。

在图 5.49 中，实体部分较长的黑色蜡烛线出现之后，市场继续走低。直到图中出现了一根带着长长下影线的小实体阳线。这根长长的下影线足以让众多空头蜂拥逃窜，因为它具有强烈的看涨意味。同时，它成功地测试了昨天的蜡烛线低点的支撑作用，并与它一起构成了平头底部形态。这根蜡烛线有一根长长的下影线，所以它有助于让市场形成上攻态势，但它并不是一根锤子线。为什么不是呢？因为确立一根锤子线，要求蜡烛图的下影线长度至少要达到实体长度的 2 倍以上，而图中的下影线并没有达到这样的标准。

市场在下一个交易日，出现了一个上升窗口和风高浪大线开始反弹。这根风高浪大线的上影线较短，实体部分较小，使得看涨的意义略有减弱。然而此处并不存在一个主趋势可供反转，我们进而也不能把这个风高浪大线看成一个看跌反转信号。原因在于，既然市场并没有呈现出超买态势，所以不能说是脆弱的。图 5.50 中的风高浪大线实体部分太小，我们因此可以把它作为十字线，我们不妨直接将其称为风高浪大十字线。

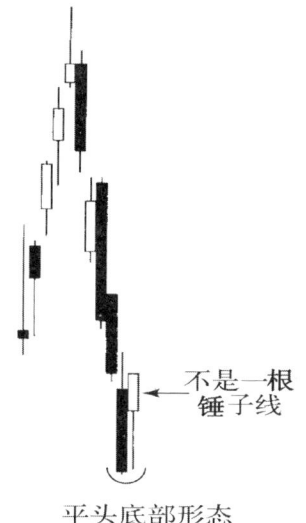
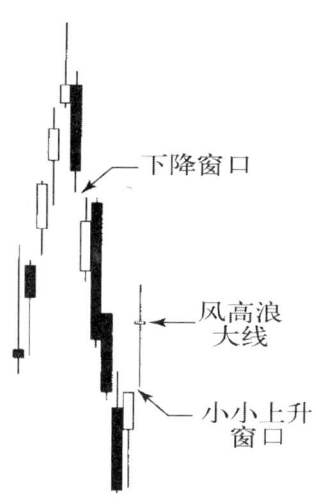

图5.49 问题5.5答案　　图5.50 问题5.6答案

在图 5.51 中，价格继续反弹，市场上又出现了一个上升窗口（上升窗口 2）和另一根风高浪大线。这根风高浪大线与前一根风高浪大线相比，似乎给市场增添了一点不祥的预示。这是因为价格已经上攻到一个前期阻力位，也就是上一周出现的下降窗口所形成的那个阻力位。这样一来，我们在上升窗口 2 的位置确认支撑位，在下降窗口的位置确认阻力位。

图 5.52 中，一根实体为黑色的阴线吞没了上个交易日的风高浪大线，从而形成了看跌吞没形态（此处是一个看跌吞没形态，因为之前的趋势是一波上涨趋势）。同时，这个看跌吞没形态进一步确认了下降窗口的阻力位作用，市场仍然受到上升窗口 2 所代表价位的支撑作用。

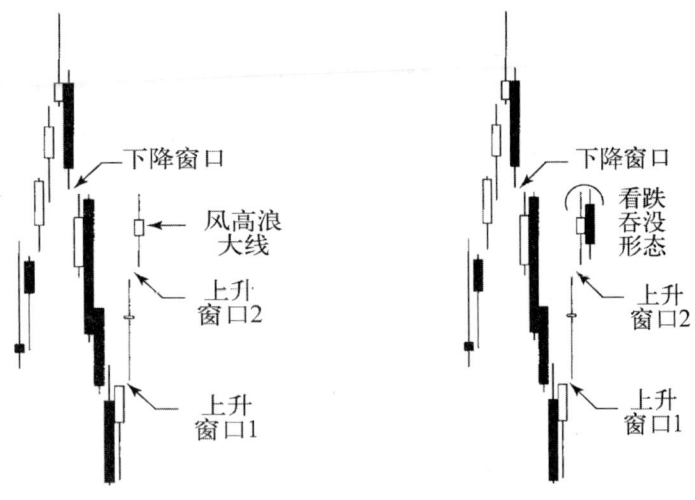

图 5.51　问题 5.7 答案　　　　图 5.52　问题 5.8 答案

在图 5.53 中，多空双方正在紧锣密鼓地展开一场"窗口大战"，之前交易中出现的下降窗口形成了阻力位，而之前上升窗口的支撑作用也因为一根阳线的出现而得以进一步确认。黑色实体阴线之后紧随的这根阳线看起来与刺透形态颇为神似，但并不能构成刺透形态，因为刺透反转形态的确立，要求在形态出现之前有一波下跌的行情。然而这幅图中的情况相反，之前是一波上涨行情。

价格反弹走势之后出现的是一根大阴线，它以高于前一根蜡烛线最高价的价格开盘，在前一根蜡烛线的中部位置收盘，从而形成了一个乌云盖顶形态。在图 5.54 中出现这样一个看跌信号其实并不令人意外，几个星期之前因为市场上出现了一个看跌吞没形态所确认的阻力位，而此时的乌云盖顶正好出现在这个位置。我们可以稍微大胆一点，把上升窗口 2 当成一个支撑位。

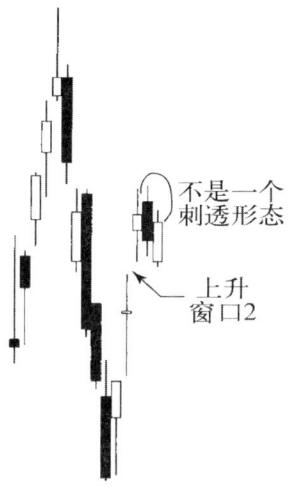

图 5.53　问题 5.9 答案

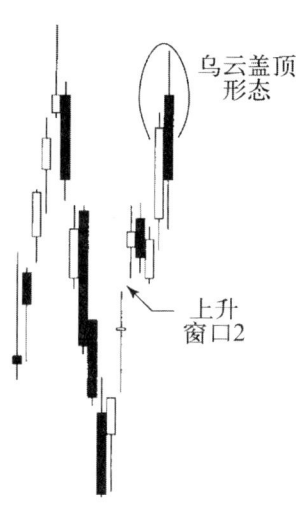

图 5.54　问题 5.10 答案

在图 5.55 中，市场在上升窗口 2 所形成的支撑位以下的价位收盘，这预示着下一个可能的支撑或许会回落到上升窗口 1 的价位。

接下来的几根蜡烛线表明，市场在上升窗口形成的支撑价位上逐渐企稳。图 5.56 中的最后两根蜡烛线表示，那根白色蜡烛线收盘价处于前一根蜡烛线的实体之内。但是这并不算是一个典型的刺透形态，因为要确立一个典型的刺透形态要求第二根阳线穿入第一根阴线实体的中间位置以上。虽然这不算是一个典型的刺透形态，但它仍然值得我们注意，首先，这是最近五根蜡烛线中的唯一一根阳线。其次，这根阳线坚守住了它前面两根蜡烛线所形成的价格低点。从这两点我们可以得出一个预判，那就是市场正在形成一个底部。

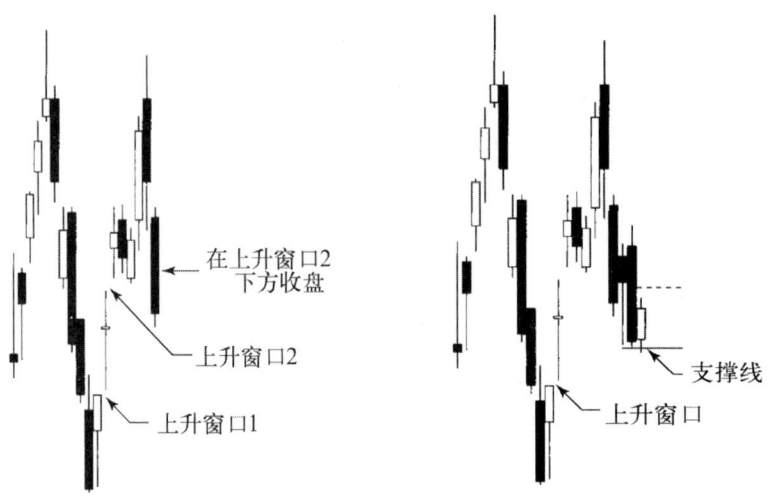

图 5.55　问题 5.11 答案　　　图 5.56　问题 5.12 答案

图 5.57 显示，市场正在进一步巩固图 5.56 所说的底部并扩大其范围。

在图 5.58 中，一根长阳线穿过了之前四天以来市场形成的阻力位，从而让多方重新控制了市场的方向。事实上，市场在这根大阳线出现之前就已经传达了多方正在发展壮大的早期信号——观察一下它之前的那几根蜡烛线，这些蜡烛线的最低价逐渐走高，形成了一条上升支撑线，也进一步形成了一个"上升三角形"形态，这个形态表明多方等不到市场出现回调就迫不及待地要购入股票。说到这里也引出了蜡烛图技术的一个重要组成部分：那就是上升三角形。任何可以用在棒线图上的技术，都同样可以用在蜡烛图上。这是因为蜡烛图和棒线图同样都运用了开盘价、最高价、最低价和收盘价这几个行情数据。实际上我非常建议读者们在分析中将传统的西方技术分析方法和蜡烛图相互结合,这样一来将大大增强您在技术分析方面的实力。

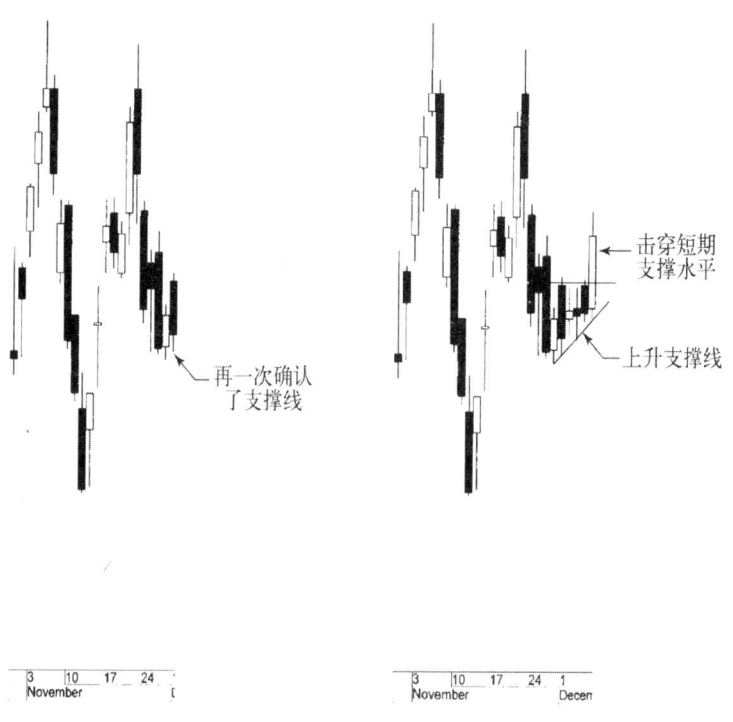

图 5.57　问题 5.13 答案　　图 5.58　问题 5.14 答案

在图 5.59 中,当此上升支撑线仍然在发挥其作用时,一根风高浪大线却让我们明显地感觉到:市场的上行力量正在慢慢走弱。虽然这是一根风高浪大线,但是它的收盘价同昨天相比仍然创出了新高。通过这个现象我们可以确认短期内市场总体来说还是可以看多的。如果要确立这根风高浪大线的看跌含义,那就需要下一根蜡烛线的收盘价格必须收盘在风高浪大线实体部分以下才行。

在图 5.60 中,我们获得了一个图 5.59 中说到的看跌确认条件。这根蜡烛线跟它前面的两根蜡烛线，共同形成了一个完美的黄昏星形态。虽然这是一个看跌形态，但是如果您在这个位置做空并不能得到很好的风险/回报比，因为此时的市场没有脱离那条上升支撑线的运行轨迹。正因如此，如果您在这根黑色蜡烛线收盘的价位附近做空，您就犯了"在支撑线上卖出"这个技术分析上的忌讳(诸如风险/回报比以及资金管理技巧这些关键概念，我将在本书结论部分列出比其他蜡烛图教材更详细的介绍)。

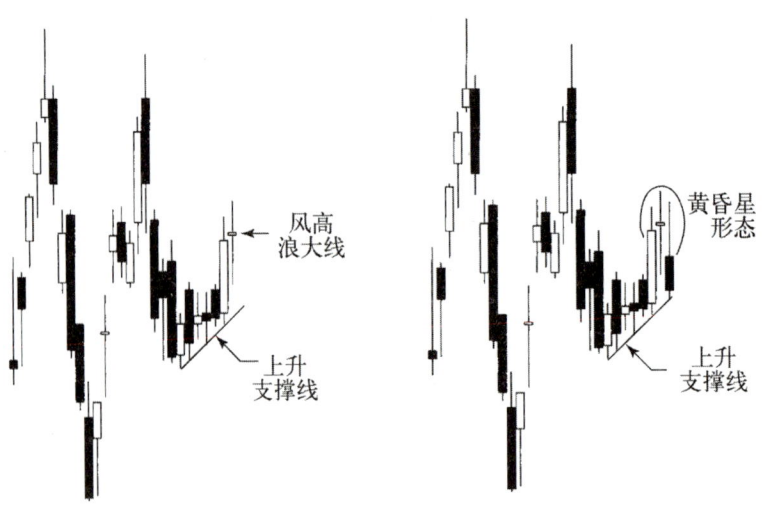

图 5.59　问题 5.15 答案　　　图 5.60　问题 5.16 答案

在图 5.61 中，市场在上升支撑线的下方形成了一个窗口。对于熟悉西方技术分析工具的人来说，在支撑线或者压力线之下方打开的窗口，我们称其为突破窗口(请注意窗口和缺口这两个术语是同义词)。下降窗口通常会形成压力位。正是这个突破窗口，或者叫作下降窗口，形成了一个新的压力位。虽然这个突破窗口算是一个压力位，但我们仍然可以把市场在上个月形成的上升窗口作为一个支撑位。

在图 5.62 中，市场出现了一个向下跳空的缺口（也可以看成下降窗口），而截止到收盘的时候价格又创出了新低，这就说明当前的市场上空方已经占据了主导地位。

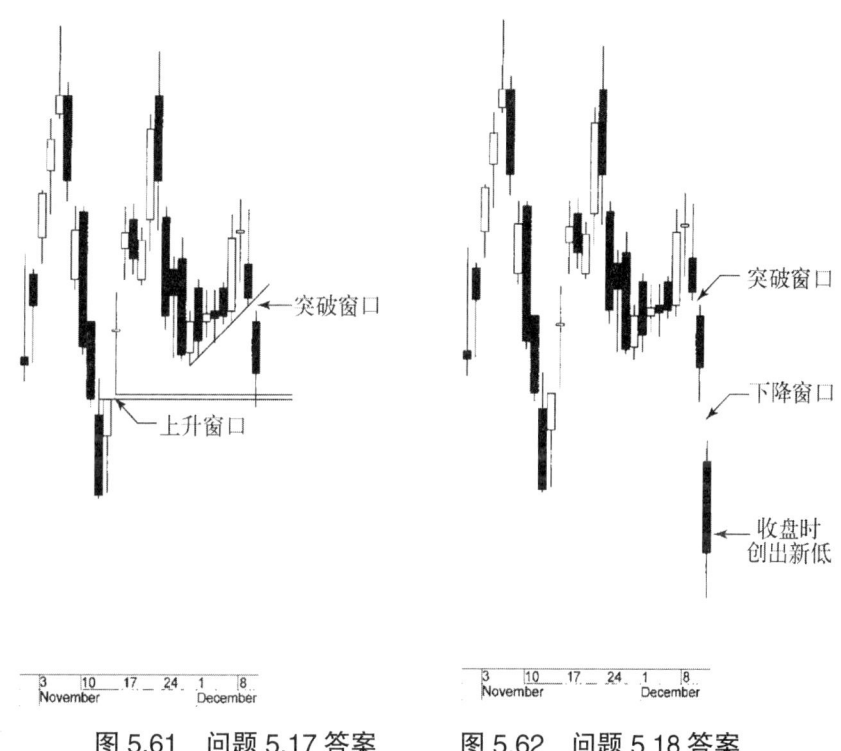

图 5.61　问题 5.17 答案　　图 5.62　问题 5.18 答案

图 5.63 显示，市场经历了 12 月中旬的巩固整理行情之后，再次出现反弹。接下来市场出现了一个看跌吞没形态，使得市场的上攻态势在下降窗口的位置上戛然而止。请记住，整个窗口的价格范围都构成潜在的压力位。一般而言，压力位会从下降窗口的底部开始发挥

其压制作用，图中呈现的就是这种情况。

虽然整个窗口的上下范围都构成潜在的压力位，但下降窗口最关键的价位还是在窗口的顶部位置。因此，虽然图5.64中最右边的那根蜡烛线的收盘价创出了新高，但它的实体部分较小，这就释放出一个明确的信号，说明下降窗口所处的价位仍然在起到压力线的作用。

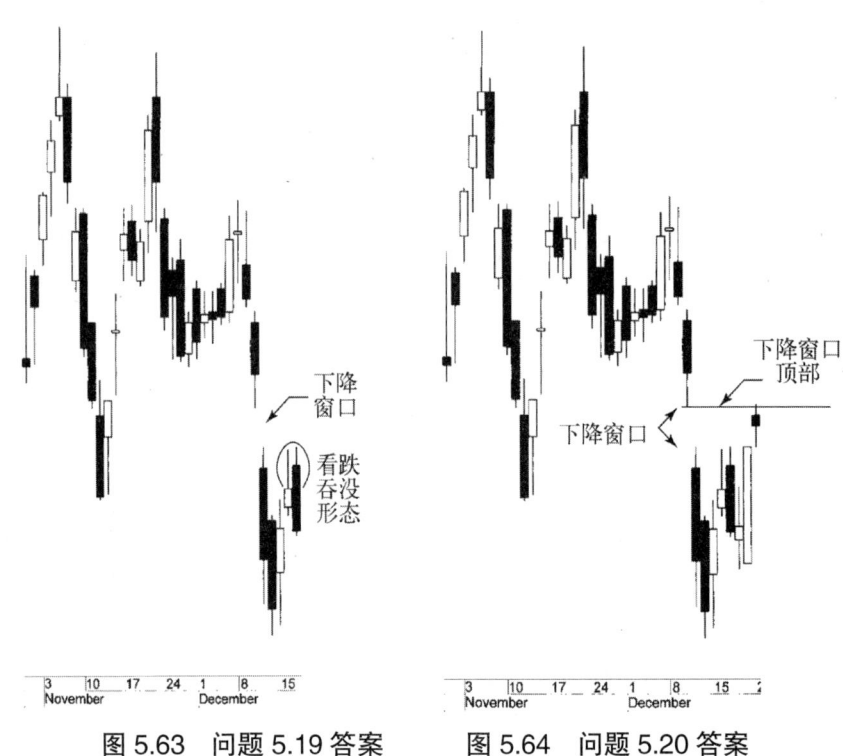

图5.63　问题5.19答案　　　图5.64　问题5.20答案

从图5.65中的蜡烛图我们可以发现，此处出现了一个黄昏星形态。虽然它是一个看跌的反转信号，特别是它进一步确认了下降窗口的压力线作用，但是我们仍然要注意到一条上升的支撑线此时也在对市场提供潜在的支撑作用。因此，如果您在黄昏星的第三根蜡烛线上（也就是形成黄昏星形态的最后那根蜡烛线）卖出股票，就犯了在支撑线价位上卖出股票的错误。这让我们再次领略到运用蜡烛图进行交易时在风险与回报之间作出权衡是多么的重要。

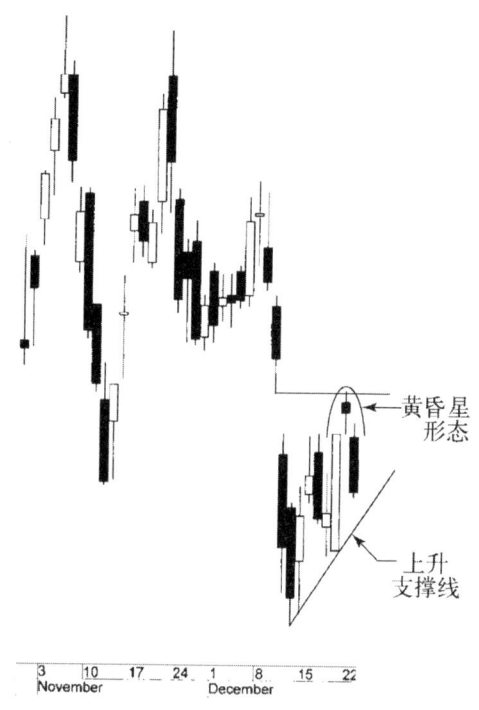

图 5.65　问题 5.21 答案

在图 5.66 中，虽然市场正在沿着倾斜向上的上升支撑线上行，但它已经到达了一个由下降窗口的顶部价位所构成的关键压力位。市场此时的多空力量正在支撑位和压力位之间进行着异常激烈的角逐，在未来的一到两天里，支撑和压力中的一个就会被击破。我们会看到，要么是价格上穿了下降窗口的顶部位置，从而形成一个多头信号，要么价格在这条上升支撑线以下的价位收盘，从而形成一个看跌信号。

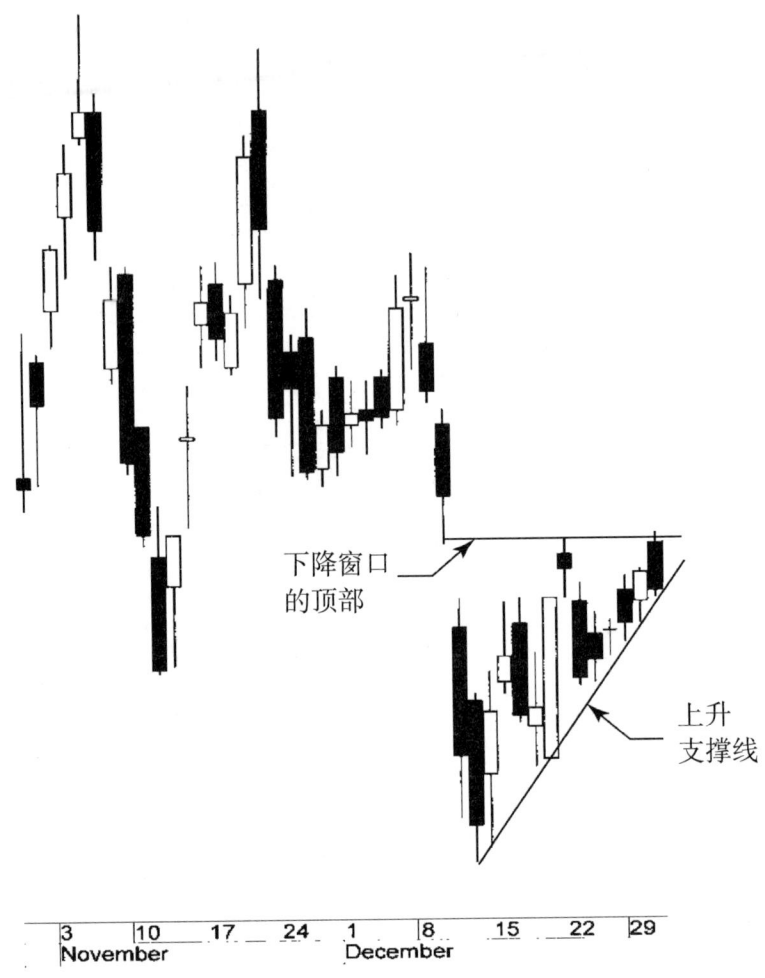

图 5.66　问题 5.22 答案

在图 5.67 中，股价被一根大阳线推向了更高位置，下降窗口价位所形成的阻力线被击破。尽管这是一根实体部分很小的大阳线，但是你一定要留意，价格已经濒临一个极有可能引发反转的阻力价位之处，这个阻力价位是由一个在 12 月上旬出现的破位缺口（这个词与下降窗口意思相同）所确立的。正因如此，原本想在这根大阳线的收盘价位附近买入的多头们应该倍加小心了，因为这样做的话就是在阻力线附近买入股票。

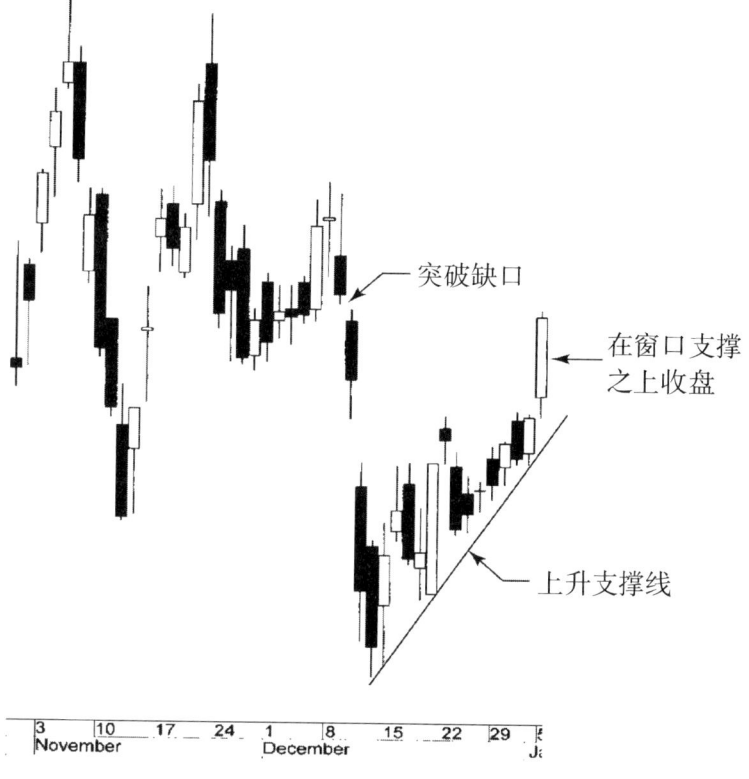

图 5.67　问题 5.23 答案

图 5.68 显示，多空双方正在上升支撑线位置形成的"地板"和突破缺口位置形成的"天花板"之间进行着一场激烈的多空争夺赛。这可以充分证明，蜡烛图技术与其他图表分析技术相比，具有能够有效保护本金安全的优点。就如在分析图 5.23 时所说的那样，虽然前面出现了一根大阳线，让市场初看上去貌似非常健康，但我们不能因此贸然采取看多的态度，因为这根大阳线已经来到了之前破位缺口所形成的阻力位。说到这里您不难看出，蜡烛图技术（著名的"破位缺口形成阻力位"思想）让我们可以避免在时机未到的时候过早采取看多的态度，从而避免可能发生的亏损。正确使用蜡烛图能够帮助您确保交易本金的安全。

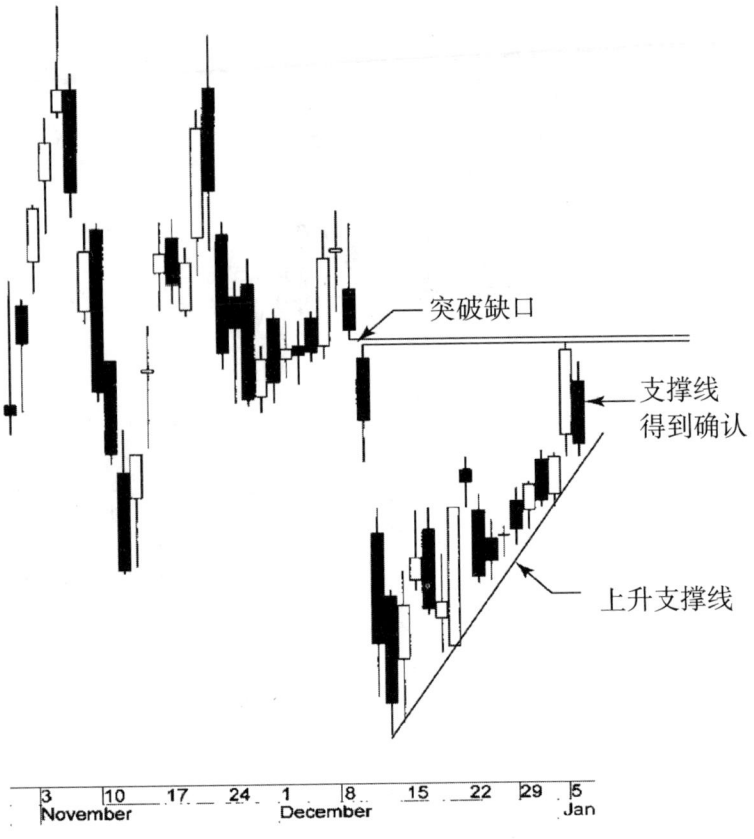

图 5.68　问题 5.24 答案

市场再一次跌破了支撑线，从而再次形成一个破位缺口，如图 5.69 所示，这样一来就形成了一个阻力位。

图 5.70 确认了我们在图 5.69 中所谈及的由破位缺口所确认的阻力位。这根蜡烛线具有较长的上影线，较小的实体，并且实体的位置非常接近整个交易日的最低价，这样一来就跟流星线有着非常相似的结构。但是，流星线只能是出现在一波上涨趋势之后，而这根蜡烛线之前却是一小波下跌趋势，所以不能算是流星线。尽管如此，它仍然具备较长的上影线，且收盘价位于当日最低价附近，从而传达出了比较浓厚的看跌意味。

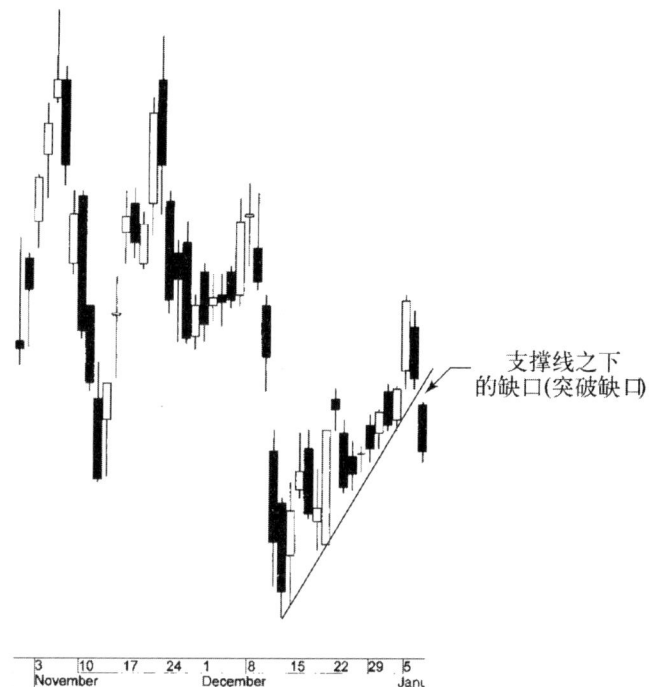

图 5.69 问题 5.25 答案

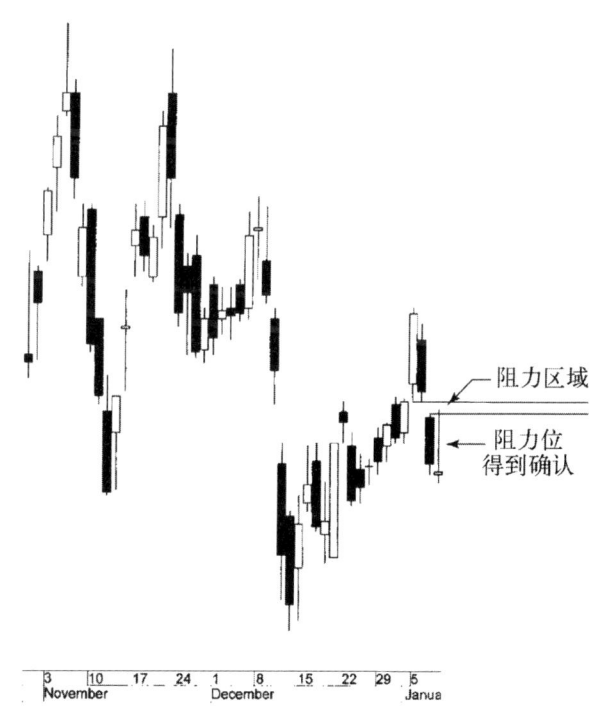

图 5.70 问题 5.26 答案

在图 5.71 中出现了一个看涨反击线形态，这根蜡烛线当天大幅低开之后逐渐走高，到收盘的时候已经完全收复失地，收盘于前一天收盘价附近。这是一个非常强的看涨信号，暗示着多方开始从空方的手里重新夺回市场控制权。这个看涨反击线在技术面上还有另外一层意义，那就是它与 12 月中旬市场所形成的低点相互确认，从而构成了一个支撑位。

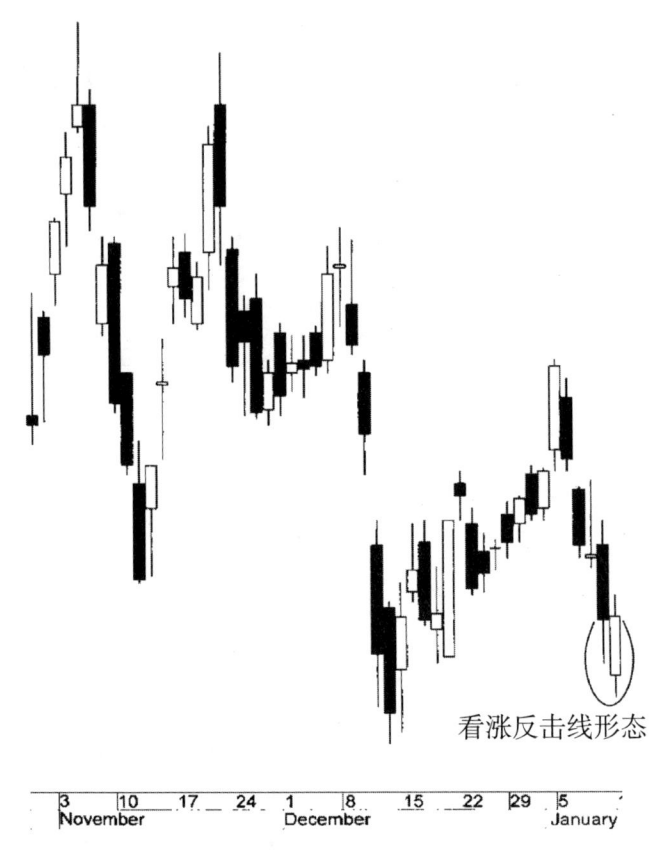

图 5.71　问题 5.27 答案

图 5.72 中，市场在看涨反击线之后有所反弹，反弹到下降窗口的价位时戛然而止。因此，我们需要一根完全收盘在下降窗口最高价之上的蜡烛线，才能彻底确认多方已经完全控制了市场行进的方向。

第五篇　蜡烛图分析技术进阶

图5.72　问题5.28答案

图 5.73 中的蜡烛线表明，市场已经上升到了下降窗口所形成的阻力位以上，一举攻破了阻力线，而且已经到达了 1 月的近期高点附近，这个价位很有可能形成一条阻力线。

如同我们在图 5.74 中所看到的，市场已经从 1 月上旬所形成的阻力位附近撤退。然而，接下来几个交易日的蜡烛线的最低价基本都是相同的，这会让我们感觉到市场正在为一波可能出现的反弹而构筑底部。这种可能性在接下来的看涨吞没形态出现后得以强化。在这个看涨吞没形态之中，一根白色实体蜡烛线将之前的实体为黑色的蜡烛线彻底吞没。需要记住的是，市场在形成反弹前的底部区域的过程中，如果某天的价格收盘于前几日的底部支撑价位之下，这就形成了一个潜在的看跌信号。设定止损价位是进行任何一笔交易时都要考虑的关键要素。

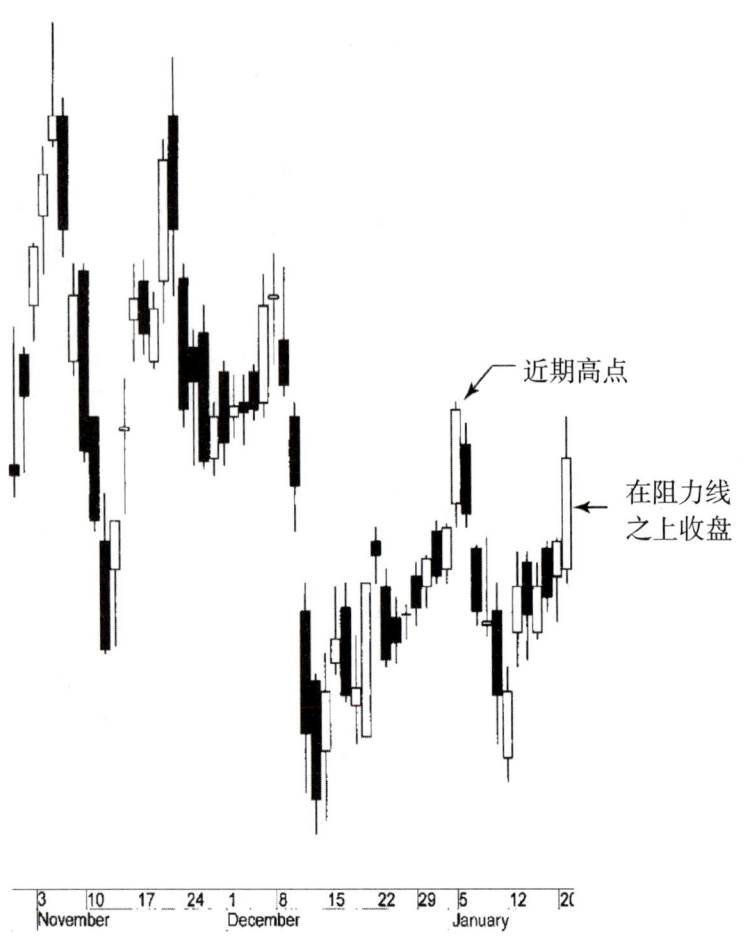

图 5.73 问题 5.29 答案

从图 5.74 中所提及的看涨吞没形态处开始的反弹走势在一条下降阻力线处停顿了下来,这条阻力线是由将 12 月和 1 月中旬的价格高点连线所形成的。接下来出现了一个孕线形态(这是一根实体较小的蜡烛线——在这幅图中它几乎是一根十字线——也就是说一根实体较小的蜡烛线被之前的一根大阳线包裹在内),这根孕线的出现让那条下降阻力线的作用得到了进一步确认。

图 5.74　问题 5.30 答案

图 5.75　问题 5.31 答案

图 5.76 显示，市场跳冲过了图 5.75 中所说的下降阻力线，从而形成了一个具有看涨意义的上升窗口。这个市场现象彻底地否定了图 5.75 中出现的那根孕线的看跌含义。这个上升窗口的形成，让市场形成了一个新的潜在支撑位。那么，我们在哪里得到新的潜在阻力位呢？为此，让我们把注意力转向 12 月上旬由一个黄昏星所形成的价格高点。

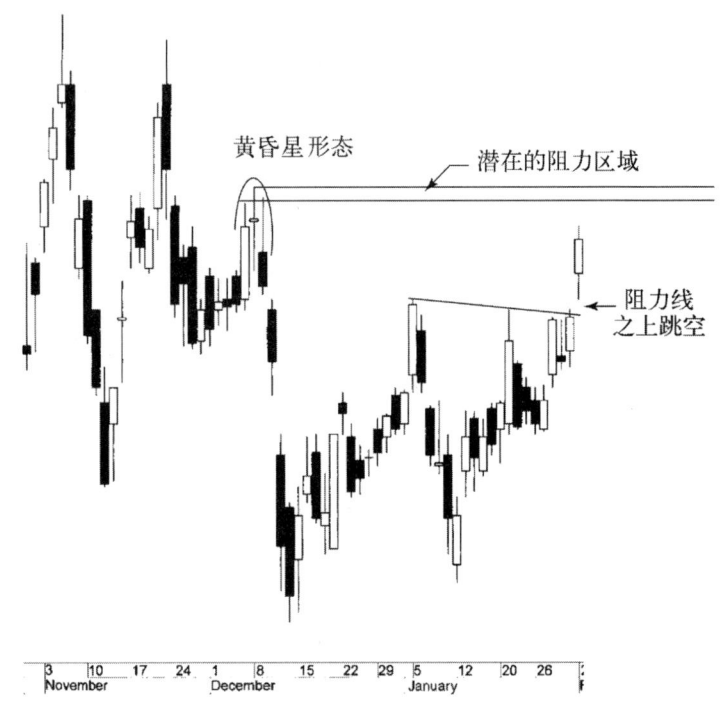

图 5.76　问题 5.32 答案

图 5.77 显示，一条风高浪大线冲到 12 月上旬形成的阻力位附近的时候攻势开始迟缓下来，这说明市场对于前进方向已经陷入了犹豫不决。然而，这根蜡烛线跟前一天相比收盘于更高的价位，使得市场趋势出现了一些看涨的态势。

第五篇　蜡烛图分析技术进阶

图 5.77　问题 5.33 答案

在图 5.78 中，市场的一波反弹把股价推高到了阻力线以上，这使得风高浪大线所包含的趋势反转的可能性宣告夭折。这根大阳线上部的上影线从一定程度上减弱了它的看涨含义。这也许是一个小小的预兆，告诉我们市场有可能会在上攻到 11 月中旬由乌云盖顶形态所形成的关键阻力线的时候遇到一些挫折。

图 5.79 中的那根黑色实体蜡烛图完成了一个有看跌意味的乌云盖顶形态。为了找到潜在的支撑位，我们将把目光移到 2 月上旬时出现的那个上升窗口。值得注意的是虽然市场上出现了上升窗口，但这并不必然意味着这个上升窗口会像磁铁一样把价格拖回支撑线位置。

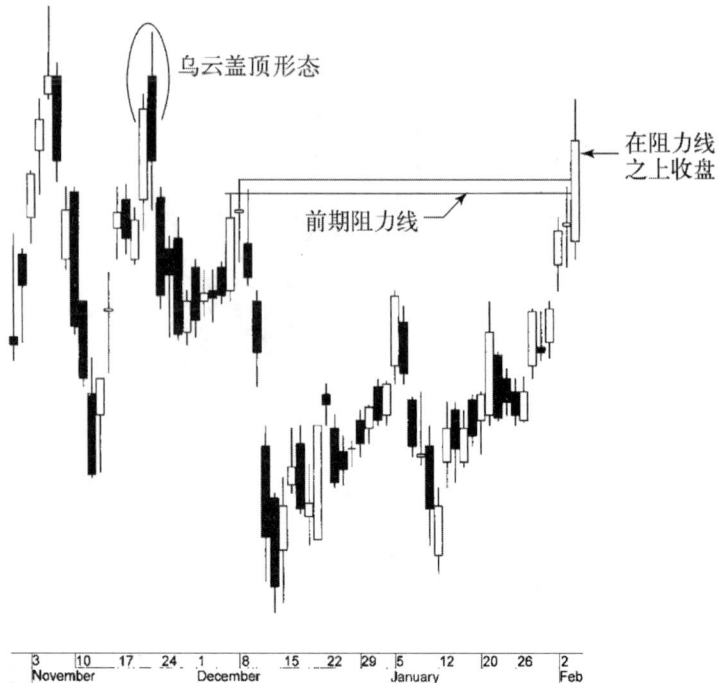

图 5.78　问题 5.34 答案

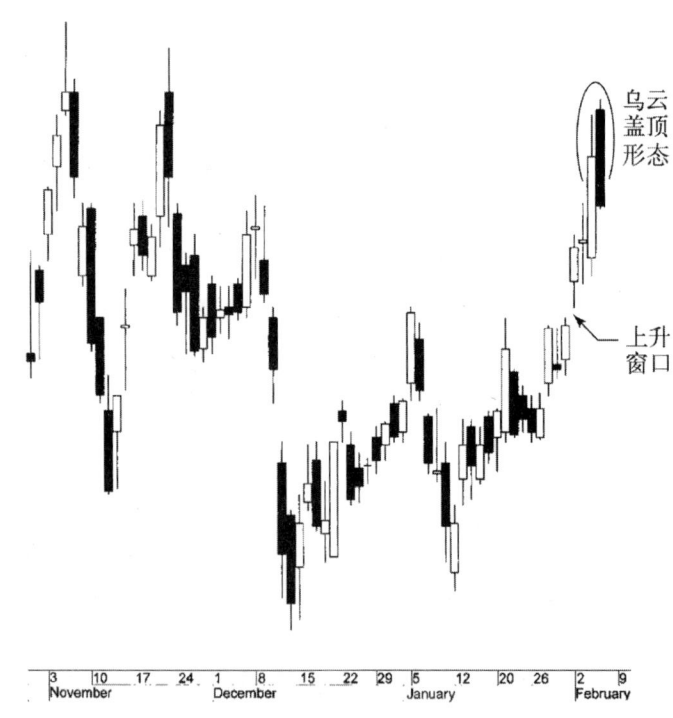

图 5.79　问题 5.35 答案

图 5.80 中的那根黑色实体把前一天的那根阳线覆盖住了,但它并不能算是一个看跌吞没形态。虽然从外形上来看这个蜡烛图组合的确符合看跌吞没形态的要求,但是这两根蜡烛线出现在下跌趋势之后。我们知道看跌吞没形态是一个预示顶部反转的形态,要求它必须出现在一波上涨行情之后。

图 5.80　问题 5.36 答案

在图 5.81 中,两个交易日内连续出现白色蜡烛图,而且它们的最高价和最低价逐渐升高,这种情形推动短期趋势进一步走高。然而,我们必须注意到当前市场已经运行到了乌云盖顶形态所构成的阻力位附近。

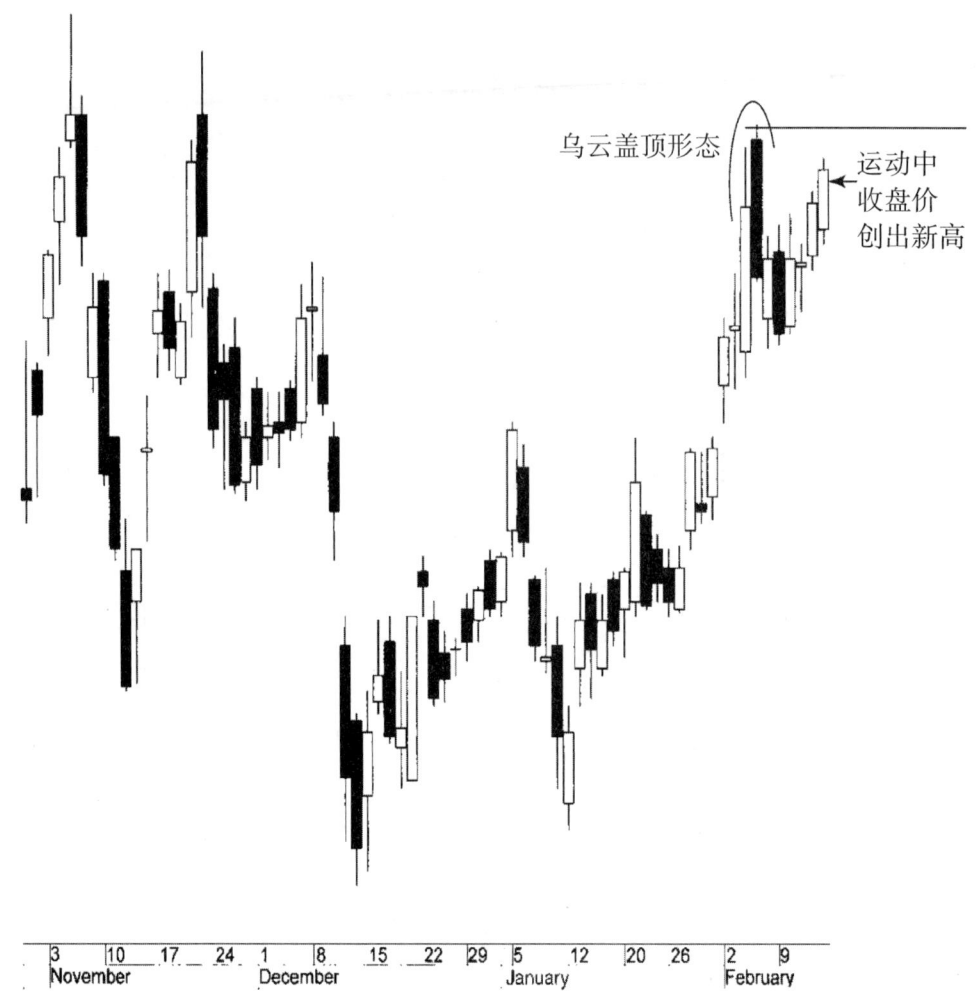

图 5.81 问题 5.37 答案

图 5.82 显示，一根黑色实体的蜡烛线完成了一个看跌吞没形态，这个形态的出现增强了之前乌云盖顶形态所形成的阻力位在技术面上的看跌意义。

前期的一个看跌的吞没形态和一个乌云盖顶形态构成了一个顶部，而在图 5.83 中另一个看跌吞没形态的出现大大增加了市场即将在此形成顶部的概率。同时，一个由前期五根蜡烛图的低点所组成的支撑位正在形成。这种情况使得市场出现了箱体震荡的运动轨迹。

第五篇 蜡烛图分析技术进阶

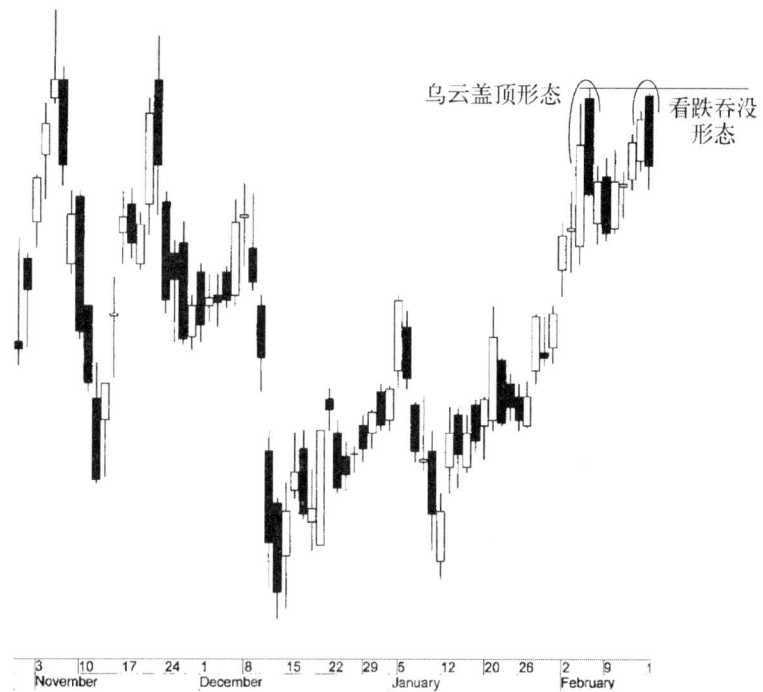

图 5.82 问题 5.38 答案

图 5.83 问题 5.39 答案

图5.84中出现的黑色实体击穿了两周以来的价格支撑位。这说明了空方已经完全掌握了市场行进的方向。

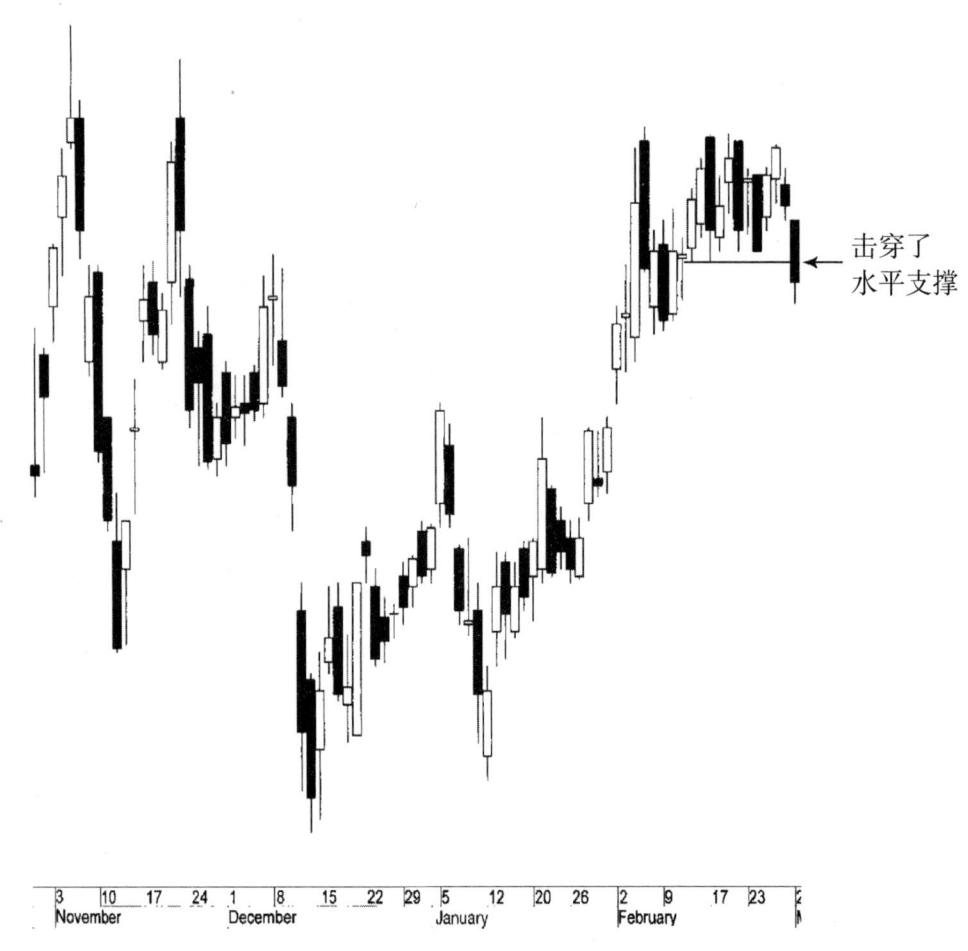

图5.84 问题5.40答案

图5.85显示，一个下降窗口的出现可能正在形成阻力位。股价运行到目前为止，市场在1月下旬时出现的上升窗口已经形成了下一个潜在的支撑位。此时这根蜡烛线看起来与流星线颇为神似，但是这并不算是一根流星线，因为它出现的位置是在一波下降趋势之后，而不是流星线要求的上涨趋势之后。

图 5.85 问题 5.41 答案

图 5.86 显示，一根大阴线击穿了前期上升窗口价位所形成的支撑位。有一点是需要牢记的，那就是窗口所形成的支撑位被击破，那么这个窗口就失去了原有的作用。换句话说，如果市场在击破这个窗口形成的支撑位之后，又发生反弹返回了这个窗口所形成的支撑位，此时不要再把这个窗口看作一个支撑位。从现在的蜡烛图来看，当前市场乐观的一面在于，它打开了一个小小的上升窗口，而它比较消极的一面在于，市场在那个下降窗口的位置行进的速度有所放缓。支撑线和阻力线二者咬得这么紧，或许还要等上一到两个交易日才能呈现出确定的向上或向下突破。

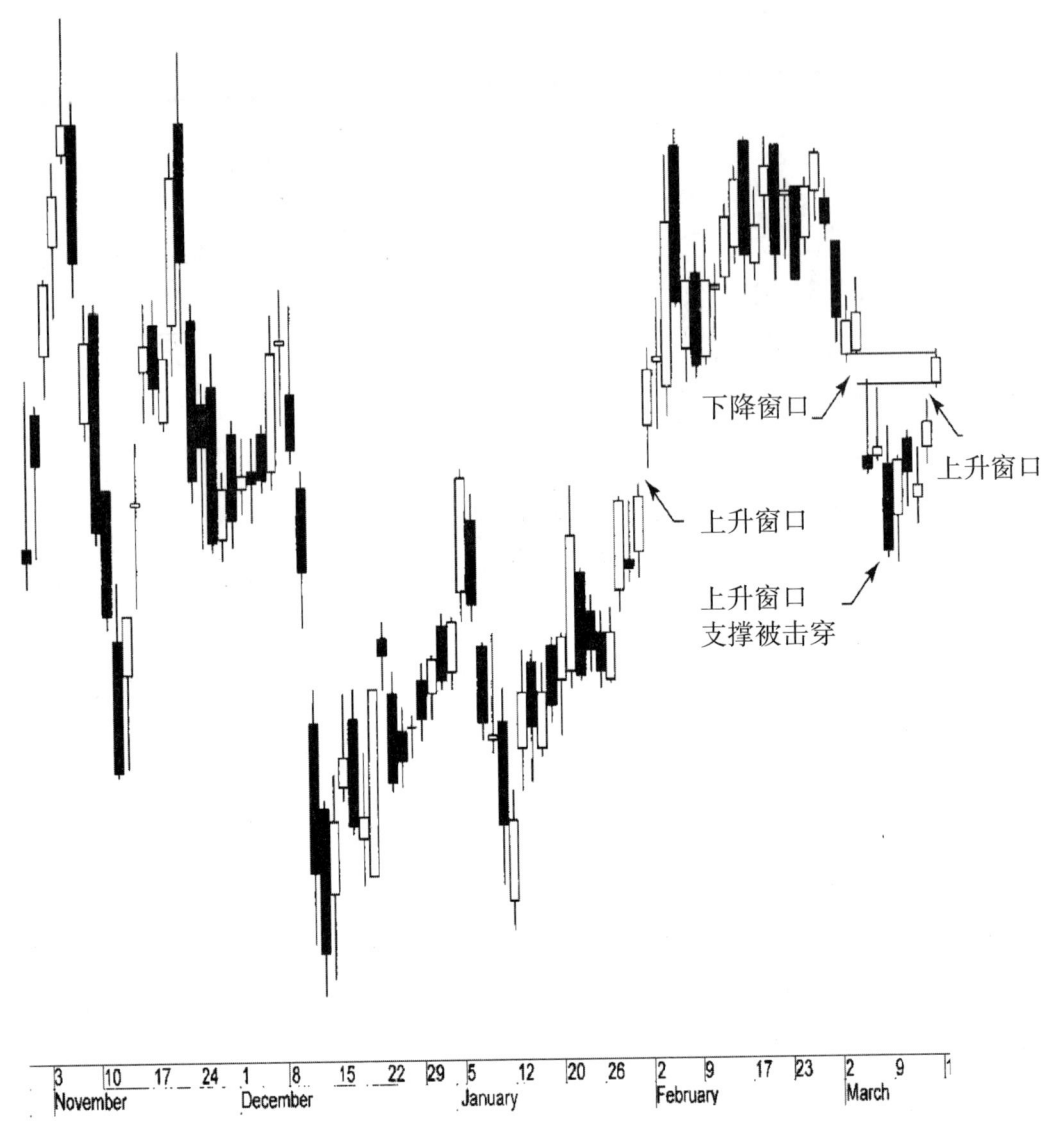

图 5.86 问题 5.42 答案

图 5.87 显示，市场选择了向下突破，因为之前的上升窗口被打破了。需要注意的是，这根长长的大阴线的最高价停留在了之前出现的下降窗口那个位置。

在图 5.88 中，最后一根蜡烛线带着看跌意味浓厚的上影线，这就又一次确认了几天之前下降窗口位置所形成的阻力线在技术面上的看跌意义。

第五篇 蜡烛图分析技术进阶

图 5.87　问题 5.43 答案

图 5.88　问题 5.44 答案

实盘交易中的蜡烛图

第六篇　实盘交易中的蜡烛图

在本篇里我们将把全书的知识进行融会贯通。接下来的内容将向您展现一份取材于实盘交易中蜡烛线图表的互动性练习材料，您将从这个练习中获益匪浅。通过本篇的实战练习，您将全面运用到在本书中所学到的分析方法。本篇内容的目的在于提供一个检测您掌握蜡烛图技术运用熟练程度的系统，随后给出的详细答案将帮助您进一步巩固和拓展所学的知识。

蜡烛线图表告诉我们，蜡烛图技术信号的确是您选择进入或离开市场时机的极为有效的分析工具，但是它们并不是百分之百有效。举例来说，蜡烛线图的一波下跌趋势之后出现了一个看涨孕线，但是市场在出现这个看涨信号之后却继续下跌。这就是为什么止损非常重要的原因。本书的目标是让您能够有效识别各种蜡烛图形态并将其加以灵活运用——虽然这些形态信号有时候会失灵。

学习目标

◎能够通过上升窗口或下降窗口来确定支撑线和阻力线

◎能够确定一笔交易潜在的风险/回报比

◎掌握持币观望、进场交易的时机

◎能够识别一波趋势是在走强还是在走弱

◎能够在蜡烛线图中识别出蜡烛图形态

◎能够有效确认一个蜡烛图信号的看跌或看涨作用

◎了解把蜡烛图与其出现之前的市场趋势结合起来观察的重要性

◎了解对支撑线或阻力线进行多角度确认的重要性

◎了解在确定一个蜡烛线形态时考虑其所在趋势的重要性

关键术语

◎看涨吞没形态

◎蜻蜓十字线

◎下降窗口

◎锤子线

◎孕线

◎启明星

◎北方十字线

◎阻力线

◎流星线

◎南方十字线

◎支撑线

第六篇　实盘交易中的蜡烛图

> 能 力 测 验

根据图 6.1 回答问题 1、2:

1. 在 A、B、C 三个区域中，哪个是上升窗口?哪个是下降窗口?

2. 它们各自的支撑区域和阻力区域是哪里?

图 6.1　Cisco Systems：日线蜡烛图(问题 1~2)

根据图 6.2 回答问题 3~7:

3. 在 3 月 22 日的蜡烛线 A 之前找出三个上升窗口。

4. 请根据这些上升窗口画出支撑线的位置。如果在上升窗口顶部的第一个支撑线被击穿，那么我们应该把下一个支撑线画在哪里?

5. X 蜡烛线属于什么形态?

6. 如果有人在 X 线的地方买入，那么潜在的阻力位区域在哪里？（提示：将 A 和 B 的高点连接起来）

7. 根据以上的问题，在 X 线的收盘处买入是否算是一个风险/回报比很有吸引力的价位？

图 6.2　Novell：日线蜡烛图（问题 3~7）

根据图 6.3 回答问题 8~10：

8. 请问图中 1、2、3、4 处分别展示了什么样的蜡烛线信号？

9. 在 A 处，虽然此时股票还在创出新高或以更高的市场价收盘，但是此处的蜡烛线传达出了怎样的信息来提示市场的上涨势头正在减弱？

10. 股票在 3 月初（图中 B 处）又重新创出了一连串更高的最高价和收盘价。请问这些蜡烛线表示多方对市场的控制力是强还是弱？

图 6.3 Pennzoil：日线蜡烛图（问题 8～10）

根据图 6.4 回答问题 11～12：

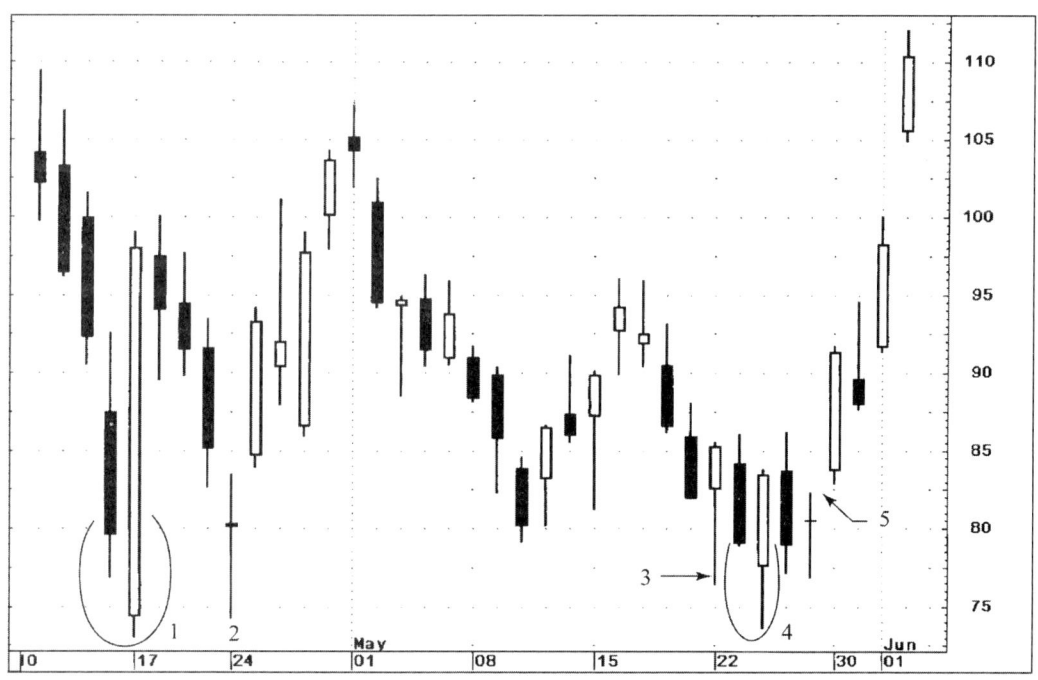

图 6.4 JDS Uniphase：日线蜡烛图（问题 11～12）

11. 请说出在 75 美元附近支撑线之处的 1、2、3、4 四个位置的蜡烛线的名称。

12. 请问 5 号蜡烛线上发生了什么情况，从而让它成为一个说明市场将更加积极上涨的信号？

根据图 6.5 回答问题 13~18：

图 6.5　Home Depot：日线蜡烛图（问题 13~18）

13. 指出图中的上升窗口的位置。

14. X 和 Y 处的蜡烛线分别属于什么形态？

15. X 蜡烛线算是一个有看跌含义的信号吗？为什么？

16. 你会在 X 蜡烛线收盘价的位置卖出股票吗？（提示：把 X 蜡烛线的最低点和前一个交易日的最高点连接起来）

17. 什么东西可以确认 X 蜡烛线是一个潜在的看跌信号？

18. 根据 Y 蜡烛线的出场及其传达出的信号，我们应该怎样重新评估原来所持的看跌态度？

根据图 6.6 回答问题 19~21：

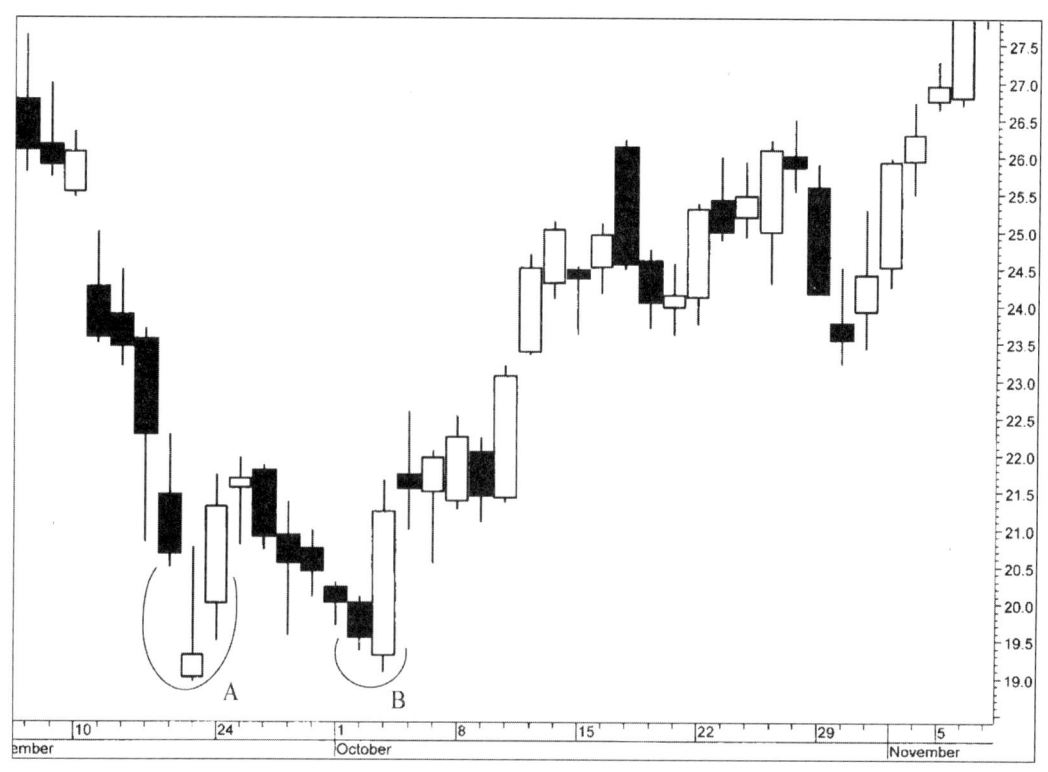

图 6.6　Intel：日线蜡烛图（问题 19～21）

19. A 和 B 处的蜡烛图分别是什么形态？

20. 哪两个原因使得 B 蜡烛图形态更可能成为一个底部反转信号？

21. 在 10 月 8 日的这个星期之后，为什么在 23 美元的价位附近会有一条支撑线？

根据图 6.7 回答问题 22~24：

22. 图中 A、B、C 处分别显示出了什么信号？

23. 指出这个图表中的孕线形态。

24. 图中 C 处的两根蜡烛线有什么特别重要的地方？

图 6.7　Amazon：日线蜡烛图（问题 22～24）

根据图 6.8 回答问题 25：

25. 哪些序号代表的蜡烛线属于锤子线？

根据图 6.9 回答问题 26～28：

26. 图中 1、2、3 处的蜡烛线分别传达出了什么信号，说明市场在 1970/1975 这个价位区间附近方向不甚明朗？

27. 在 3 月 20 日开盘之后（蜡烛线 1 位置），为什么 1950 附近有非常强大的支撑力量？

28. 因为在 1 处的十字星线说明市场呈现出疲软态势，我们需要什么条件才能够确认这个信号的潜在看跌意义？（提示：参考问题 2）

第六篇 实盘交易中的蜡烛图

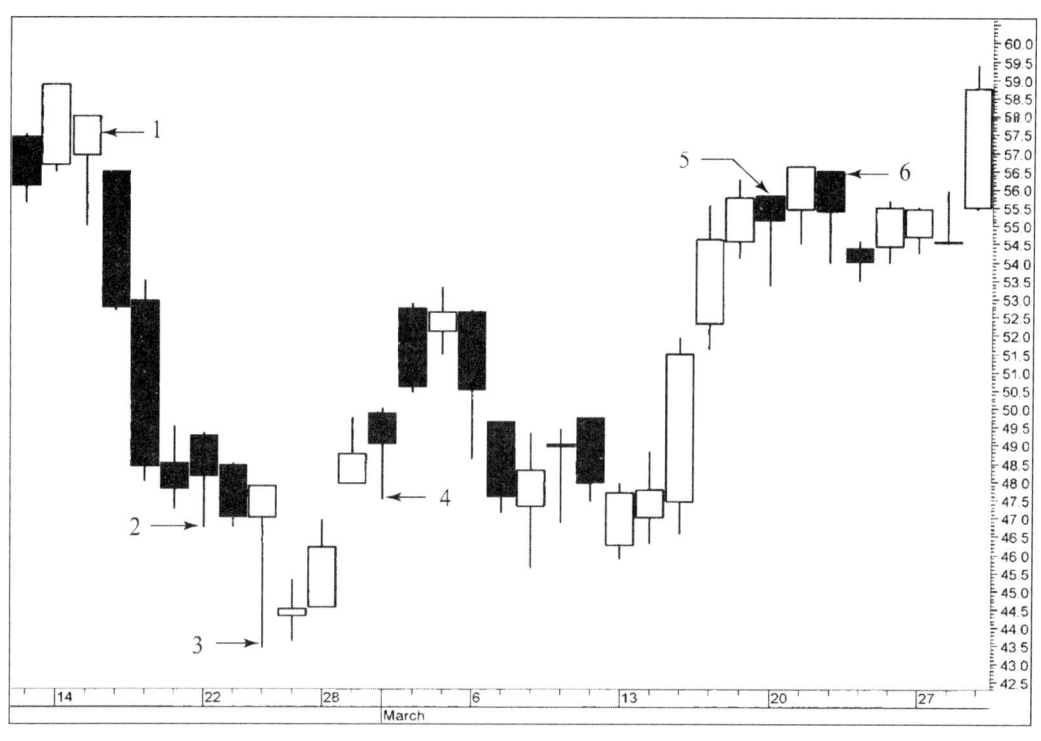

图 6.8 Wal-Mart：日线蜡烛图（问题 25）

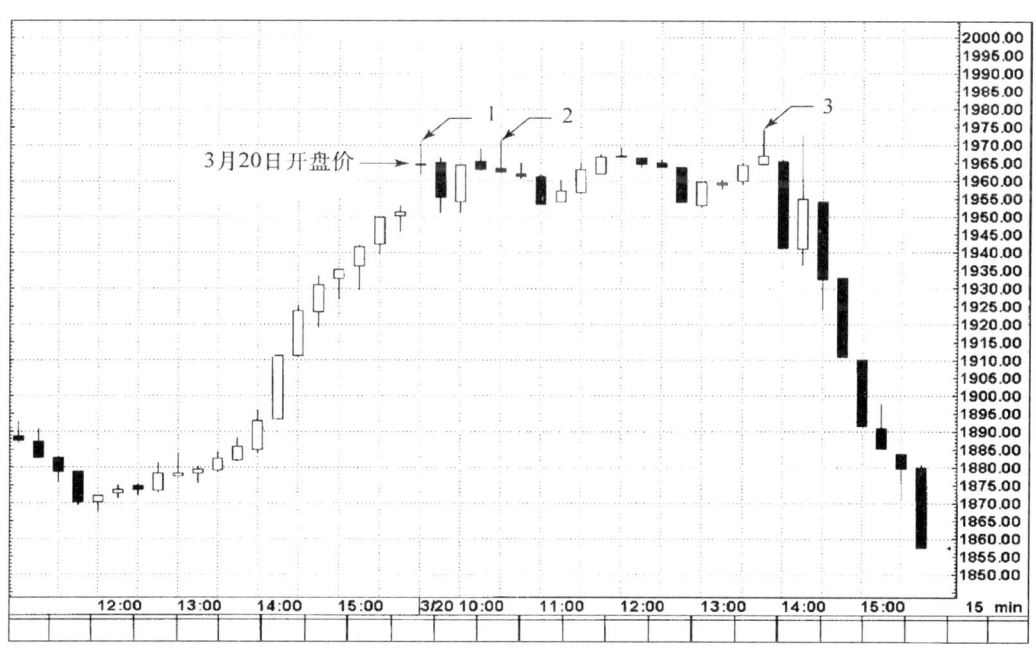

图 6.9 NASDAQ 综合指数：15 分钟线蜡烛图（问题 26~28）

根据图 6.10 回答问题29~42：

将以下列示的蜡烛线信号与图 6.10 中对应的蜡烛线相匹配：

图 6.10 小麦期货：周蜡烛线（问题 29~42）

29. 1 处的蜡烛线显示出的信号是_____

30. 2 处的蜡烛线显示出的信号是_____

31. 3 处的蜡烛线显示出的信号是_____

32. 4 处的蜡烛线显示出的信号是_____

33. 5 处的蜡烛线显示出的信号是_____

34. 6 处的蜡烛线显示出的信号是_____

35. 7 处的蜡烛线显示出的信号是_____

36. 8 处的蜡烛线显示出的信号是_____

37. 9 处的蜡烛线显示出的信号是_____

38. 10 处的蜡烛线显示出的信号是_____

39. 11 处的蜡烛线显示出的信号是_____

40. 12 处的蜡烛线显示出的信号是_____

41. 13 处的蜡烛线显示出的信号是_____

42. 14 处的蜡烛线显示出的信号是_____

a. 看涨吞没形态

b. 看涨孕线形态

c. 看跌孕线形态

d. 下降窗口

e. 南向十字线(译者注：下降趋势中的十字线)

f. 启明星

g. 北向十字线(译者注：上升趋势中的十字线)

h. 流星线

i. 锤子线

参考答案

1. 代表 7 月 20 日的 A 处有一个较小的下降窗口（如图 6.11 所示，虚线代表的是一个阻力区域）。图中显示，市场在 7 月下旬出现了一连串具有较长上影线的蜡烛线，它们在下降窗口所形成的阻力区域附近停顿下来。在 B 处也出现了一个较小的下降窗口。8 月 23 日的收盘价冲破了窗口所形成的阻力区域，随后的走势可谓是扶摇直上，一骑绝尘。

图 6.11 Cisco Systems：日线蜡烛图（问题 1~2 答案）

2. 9 月 2 日和 9 月 3 日这两个交易日之间出现了一个巨大的上升窗口（如图中 C 处所示）。几个交易日之后（图中 9 月 8 日处），市场跌破了这个窗口的顶部（在 35 美元附近的位置），但是在这个窗口的底部位置，也就是 34.25 美元处仍然存在形成支撑的力量。如果想确认下跌趋势的形成，那就需要有一个收盘价在这条支撑线下方的蜡烛线将这一支撑位击破。这也是基于本书一再强调的一个观点：除非空方有能力把市场的收盘价压到窗口底部位置之下，不然窗口的支撑作用就依然有效。

图 6.12　Novell：日线蜡烛图（问题 3~7 答案）

3. 图 6.12 中展示出来了三个上升窗口。

4. 每个上升窗口都构成支撑力量，窗口的整个空间都算是支撑区域。所以说，当市场收盘价跌破了上升窗口 1 的时候（图中 3 月 23 日所示），我们的下一个具有潜在支撑力量的区域是上升窗口 2。上升窗口 2 的底部价位在几个星期内都起到了支撑的作用，至少在 4 月 6 日市场收盘跌破这个区域之前都一直保持有效。一旦空方击穿了上升窗口 2 处的支撑线，下一个具有潜在支撑力量的区域就是上升窗口3(从22.50美元到20.50美元)。市场出现这样一个巨大的上升窗口，从而也造就了这样一个非常大的潜在支撑区域，这对于空方来说是个很大的挑战。因此我们无法给出一个非常精确的支撑价位，因为从理论上来说，整个窗口区域都有支撑作用。虽然如此，如果我们还记得一个上升窗口的最重要支撑位是在窗口底部，那么我们可以将注意力集中于20.50美元处上升窗口3的底部附近的重要支撑价位。

5. 图中X处的蜡烛线是一根锤子线。这根锤子线具有特殊的看多意义，因为它对20.50美元处的大窗口(上升窗口3)底部的支撑作用进行了成功的确认。

6. 蜡烛图的一个局限性表现于，无法根据它们得出目标价格。因此，我们转而运用西方技术分析工具来确定可能的价格目标。我们将A和B处的最高点连接起来形成一条下降的阻力线。这条线作为一个阻力区域，可以为我们在看涨锤子线处所开始的反弹确立出一个可能的目标价位。

7. 在这一案例中，在锤子线的收盘处买入是一个风险/回报比非常有吸引力的价位。因为如果在这个价位处买入的话，止损位是在锤子线的底部(距离买入价位大约1美元，这也就是所承担的风险)，而我们获得回报的预期目标价位是在上述所说的下降阻挡线位置(24美元附近)，这意味着我们获得了2.5美元的回报。所以在这笔交易之中我们的风险/回报比是1：2.5。

8. 如图6.13所示，1号蜡烛线给出的信号是一个孕线，2号蜡烛线给出的信号是一根锤子线，3号蜡烛线给出的信号是一个看涨吞没形态，而4号展示的是一根流星线。

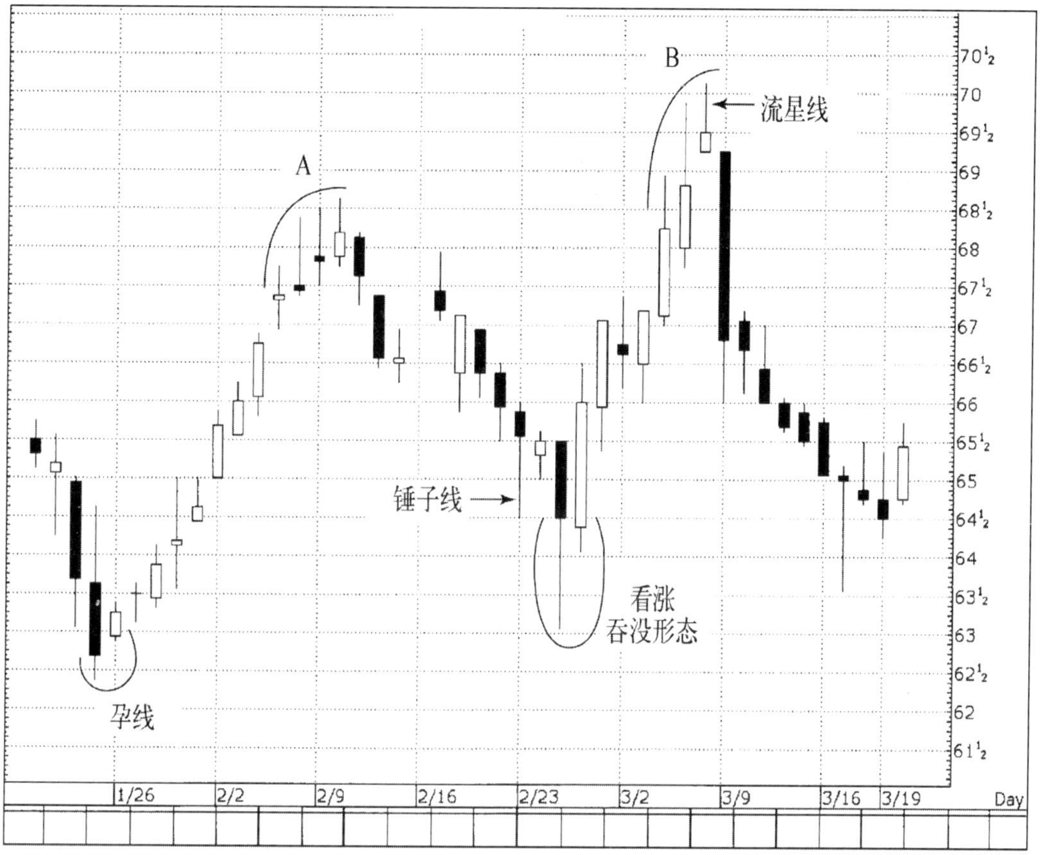

图6.13 Pennzoil：日线蜡烛图（问题8~10答案）

9. 对于A区域而言，虽然股票的最高价、最低价以及收盘价一直在连续创出新高，但是，我们可以发现A附近有一些很长的上影线和较小的蜡烛线实体，这就释放出一个警告信号，预示着多方正在失去继续上攻的力量。

10. 对于B区域而言，市场再一次发动进攻并创出更高的最高价、最低价以及收盘价。但是这个位置出现的那些蜡烛线上长长的上影线说明多方这种持续上攻的力量难以为继。而市场在这个时候又出现了一根流星线，使得当前市场的看空意味更加浓烈。

11. 在图6.14中，信号1是一个看涨吞没形态。从形成看涨吞没形态的这根白色实体的长度就可以看出来，此时买入并不是一笔具有很好的风险/回报比的交易。原因就是这个看涨吞没形态完成的时候，市场已经有了很大的涨幅。在信号2处出现的是一根十字线，它对前边所说的看涨吞没形态所形成的支撑位形成了确认。通常情况下，在下降行情中出现的十字星线（又叫作南方十字线）并不算是一个有力的底部反转信号。但是在本题这个案例中，因为十字星线已经确认了一个关键的支撑区域，那么这根南方十字线就构成了一个值得注意的信号。信号3是一根具有看涨作用的锤子线。这根锤子线的最低价形成了一个强有力的支撑价位。信号4是一个看涨的刺透形态。市场此时正处于下降趋势中，然后出现的是一根黑色实体，接下来的一个交易日出现了一根深深插入上一根阴线实体内部的阳线。

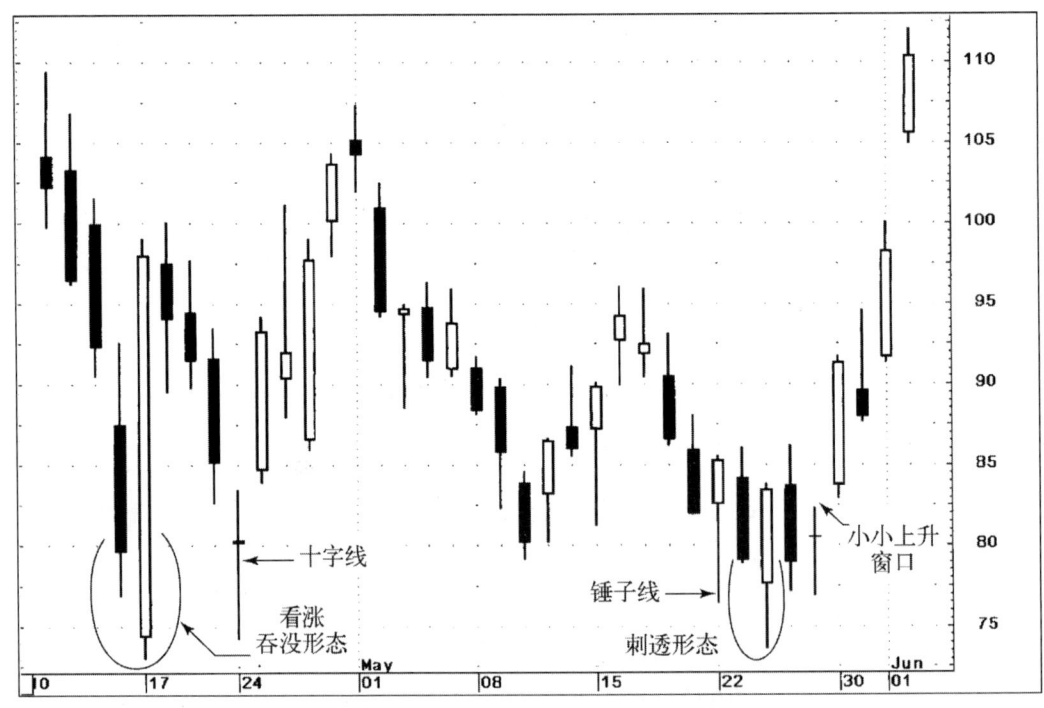

图6.14 JDS Uniphase：日线蜡烛图（问题11~12答案）

12. 强调了前面所讲的看涨蜡烛图信号所确定的支撑区域的重要性，市场打开了一个小小的上升窗口，显示更强烈的上涨驱动力量。

13. 如图6.15所示，有两个上升窗口，一个出现在10月中旬，另一个出现在10月末。

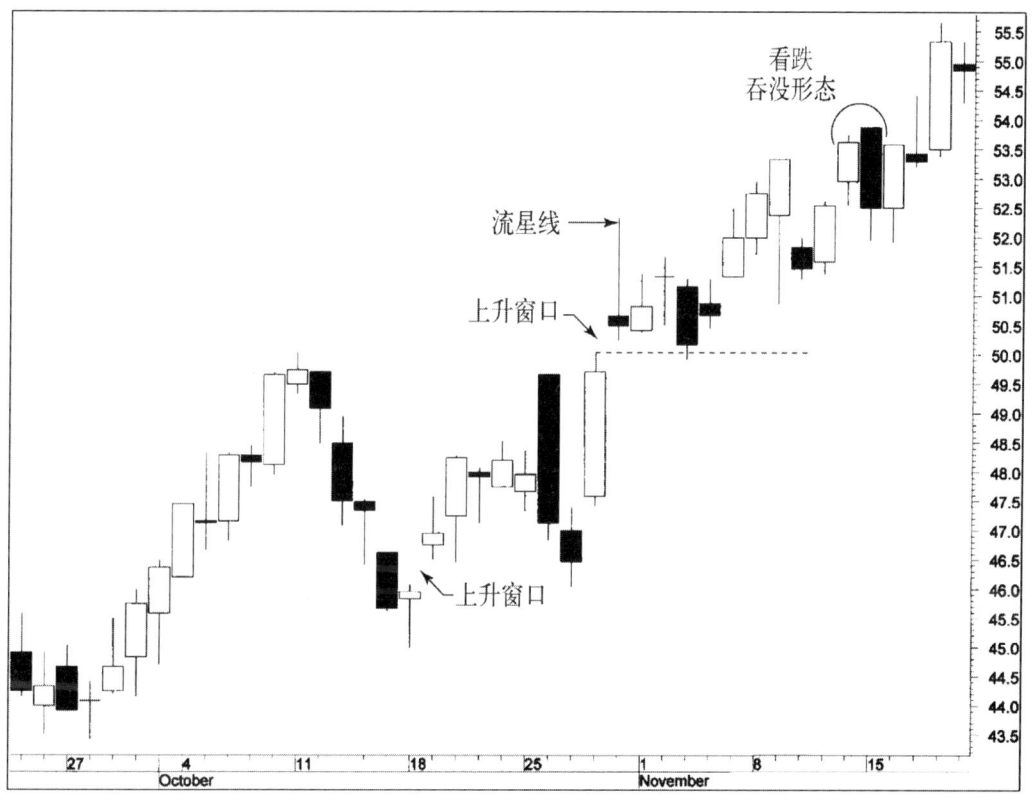

图6.15 Home Depot：日线蜡烛图（问题13~18答案）

14. X蜡烛线是一个流星形态（这根蜡烛线的下影线足够短，从而使得它成为流星形态）。Y处出现的蜡烛线信号是一个看跌吞没形态。

15. 是的，流星形态是一个具有潜在看跌意义的信号。通常情况下该形态具有较长的上影线，并且收盘价位于整个交易日价格波动区间的底部位置。

16. 在问题 15 答案中提到的流星形态所代表的交易期间里,市场形成了一个上升窗口。然后市场在支撑区域上(由上升窗口所形成)获得了一个看跌的反转信号(通过流星线形态形成)。所以,从风险/回报比的角度来说,这个流星形态的价位并不是一个有吸引力的短期卖出价位。这是因为,如果在流星形态的收盘价处卖出的话,那就意味着犯了在支撑线区域附近卖出的忌讳。

17. 请记住这样一个概念,上升窗口会形成一个支撑区域。为了使流星形态这个信号的潜在看跌意义得到确认,我们需要一个处于上升窗口的支撑区域之下的收盘价,图中的支撑区域如虚线处所示。

18. 对于信号 Y 这样一个看跌吞没形态,一旦市场的收盘价突破了这个形态的高点,我们就可以认为这个阻力价位被打破了。

19. 图 6.16 中的 A 所展示的是一个启明星形态,或者更准确地说,是典型意义上的启明星形态的一种变形。这是因为典型的启明星形态的第一根蜡烛线按要求是一根大阴线,而不是图中这样一个中等长度的阴线。虽然如此,第三天出现的那根阳线(这一图形中代表第三个交易日的蜡烛线)深深地穿入这根阴线的实体内部,而且这三根蜡烛线的实体没有发生任何重叠,基于这些情况我们仍然可以将它看成一个启明星形态。在 B 处出现的是一个典型意义上的看涨吞没形态。

20. 形态 B 是一个看涨吞没形态。有两个重要原因使得这个形态的意义变得十分关键:(1)这个形态对前边的启明星形态形成的支撑线进行了有效确认;(2)这个看涨吞没形态中的那根阳线覆盖住的不仅是一根阴线,而是四根阴线之多(如虚线处所示)。

21. 在 10 月 8 日的那个星期的支撑线,是由市场上出现的一个很小的上升窗口(上影虚线)所确认形成的。

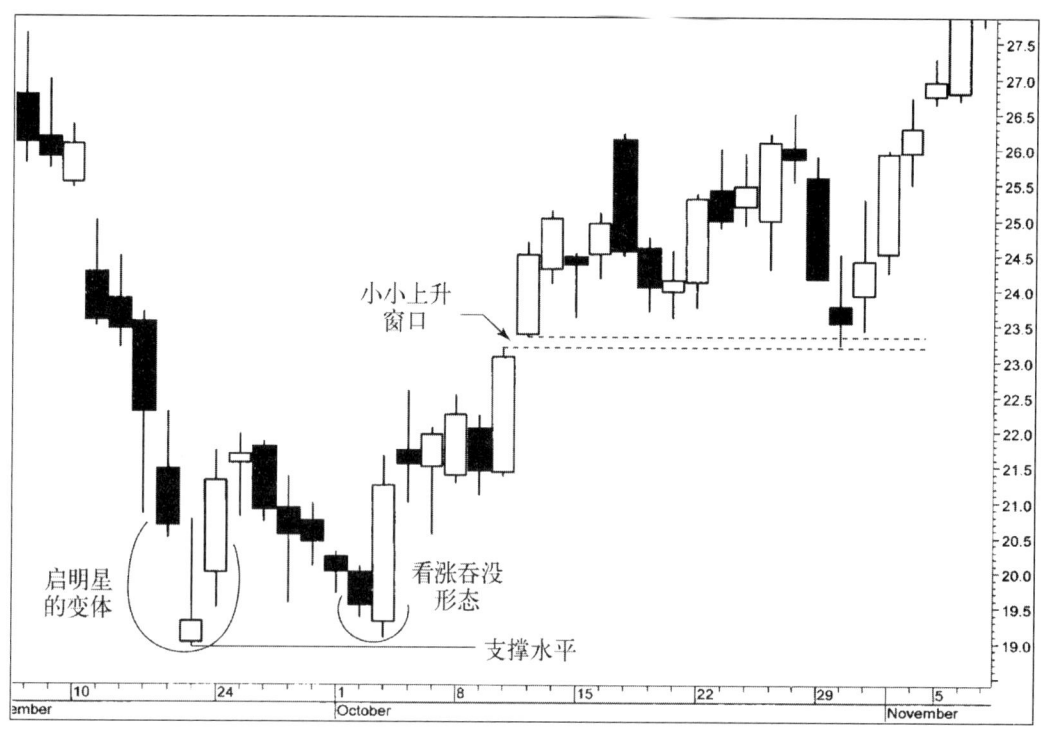

图 6.16　Intel：日线蜡烛图(问题 19~21 答案)

22. 信号 A 所示的(见图 6.17)是一根上吊线。这根上吊线的看跌意义由下一个交易时段的那根蜡烛线进行了确认(注意：要使上吊线所代表的看跌意义被确认，需要下一个交易日的收盘价收于这根上吊线的收盘价之下)。信号 B 不是一个看跌吞没形态，尽管这根蜡烛线从构成上来看是一个阴线覆盖了之前的阳线实体，符合看跌吞没形态的定义。但是需要记住的是，一个看跌吞没形态出现的位置必须是在一波上升趋势之后，而不是下降趋势之中，正如本题这个例子一样。信号 C 是一个孕线形态，一个较小的实体被前边一根非常长的大阴线完全覆盖在内。

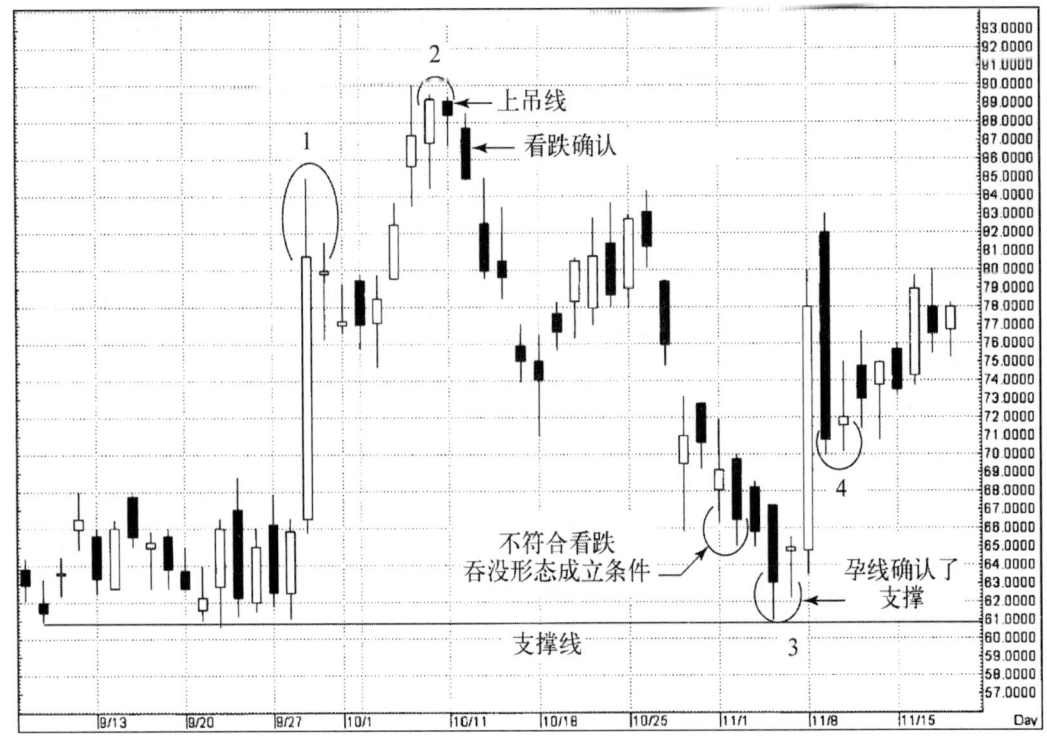

图 6.17 Amazon：日线蜡烛图（问题 22~24 答案）

23. 图中 1、3、4 位置所展示的是孕线形态。我不会将信号 2 视为典型的孕线形态，因为这种形态中，需要有一个长度非常长的蜡烛线作为这个形态的第一根蜡烛线，而在这个案例中，第一根蜡烛线的实体并未达到这种长度。通过这道题，我们可以感受到，蜡烛图分析如同西方技术分析工具一样，分析过程中也会穿插一些主观上的判断。

24. 图中 C 处的这两根蜡烛线意义非常重大，因为它们共同形成了一个孕线形态（详细解说见问题 23 答案），并且在 61 美元这个价位附近确认了一个非常重要的支撑区域。

25. 这张图表中唯一的锤子线出现于 2 月 24 日。让我们一根一根地分析图中的蜡烛线（见图 6.18）。蜡烛线 1 不属于锤子线，因为它出现的位置并不是在一波下降趋势之后。蜡烛线 2 也不属于锤子线，因为下影线长度和它的实体长度相比并不够长（下影线的长度应该至少是实体部分长度的两倍）。蜡烛线 3 满足确认锤子线的所有标准，具体来讲，它处于下降的市场趋势中且蜡烛线具有较长的下影线（长度至少是它实体长度的两倍），上影线很短或几乎没有，实部分体位于整根蜡烛线的顶部位置。蜡烛线 4、5、6 都不属于锤子线，虽然它们具备和锤子线一样的蜡烛线形态，但是锤子线的一个重要确认标准就是必须出现在一波下降趋势之后（因为它是一个底部反转信号），所以我们需要一波下降趋势才能来满足锤子线的确认条件。这些蜡烛线出现的位置都不是在下降趋势中。这再一次地说明蜡烛线识别的一个重要条件：不仅是蜡烛线的形状需要满足确认条件，蜡烛线出现之前的市场趋势在判定一个形态的形成中也具有重要意义。

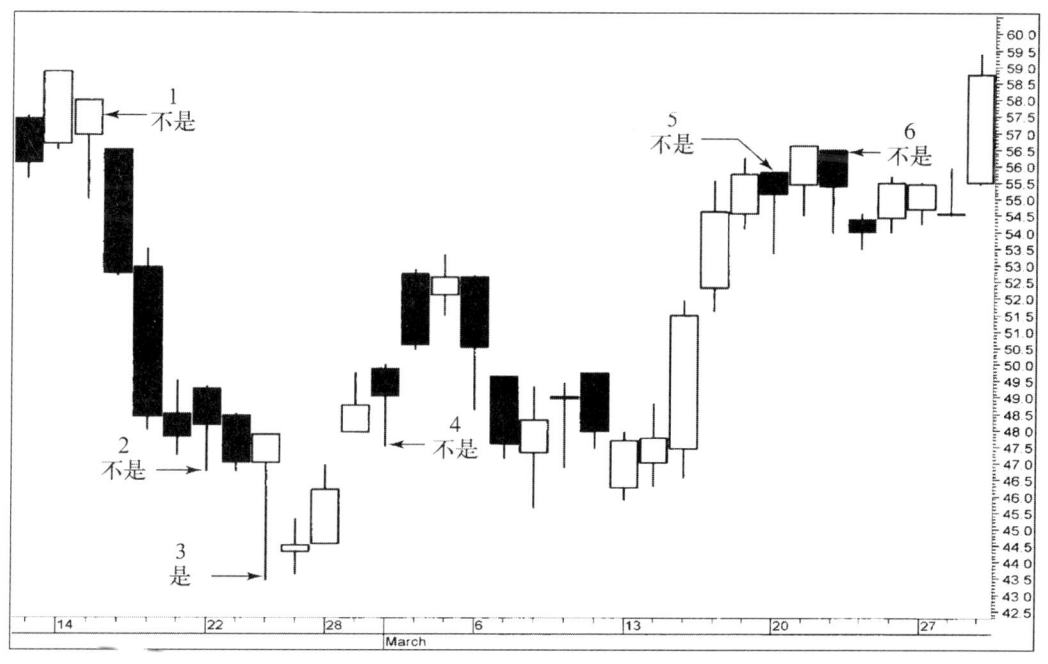

图 6.18　Wal-Mart：日线蜡烛图（问题 25 答案）

26. 如图 6.19 所示，蜡烛线 1 是一根十字线，蜡烛线 2 和 3 都属于流星线形态。

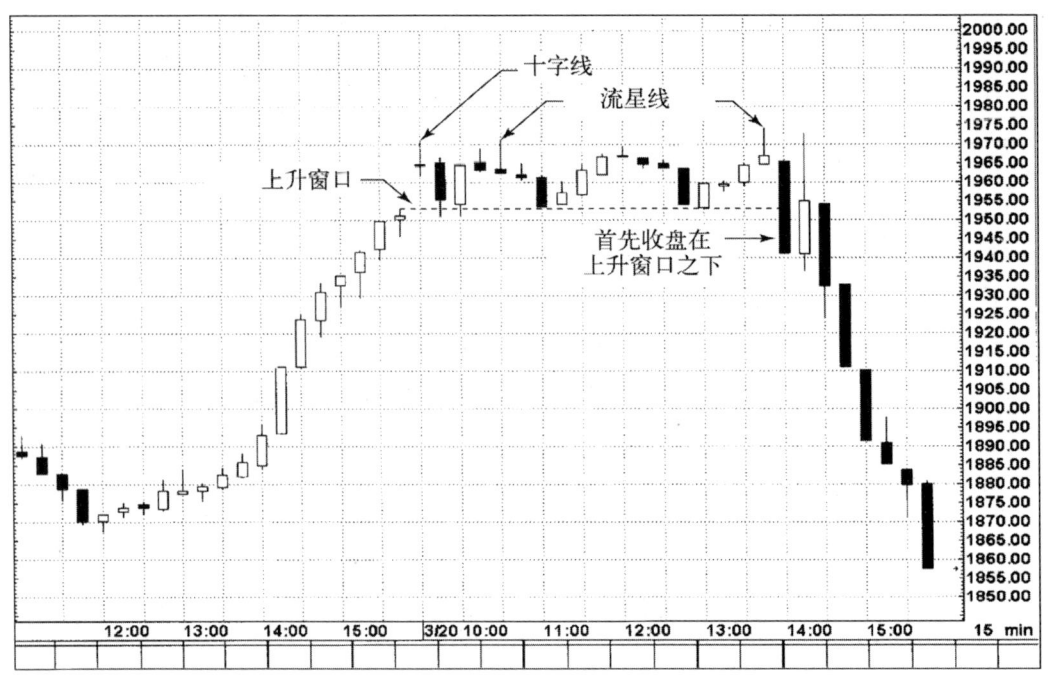

图 6.19　NASDAQ 综合指数：15 分钟线蜡烛图（问题 26~28 答案）

27. 虽然 3 月 20 日出现的是一根十字星线，但是市场同时出现了一个上升窗口，从而形成了一个支撑区域。所以说，要对十字线所表达出的潜在看跌信号进行确认，我们需要等待市场上出现一个低于支撑线底部的收盘价才可以。在后市的交易行情中，市场在日内交易当中出现了盘中跌破支撑线的情况。

28. 为了确认十字星线所传达出的看跌信号的有效性，我们需要等到市场收盘于由上升窗口所形成的支撑区域下方。在 3 月 20 日的 14:00 发生了这种情况，一根长长的黑色蜡烛线跌破了上升窗口的底部支撑线。

29. h

【解析】信号 1 是流星形态。

30．b

【解析】信号2是看涨孕线形态。

31．i

【解析】信号3是锤子线(同样能够认定为蜻蜓十字星线)。

32．a

【解析】信号4是看涨吞没形态。

33．d

【解析】信号5是下降窗口。

34．e

【解析】信号6是南向十字线(在下降趋势中出现的十字线形态)。

35．a

【解析】信号7是看涨吞没形态。

36．f

【解析】信号8是由三根蜡烛线组成,这是一个启明星形态。

37．g

【解析】信号9是一个北向十字星线(在上升趋势中出现的十字线形态)。

38．c

【解析】信号10是看跌孕线形态(第二根蜡烛线的实体部分非常小,所以说它同样可以被算作一个十字孕线)。

39．b

【解析】信号11是看涨孕线形态。

40．i

【解析】信号12是锤子线(同样也可以看作蜻蜓十字线)。

41. a

【解析】信号13是看涨吞没形态。

42. i

【解析】信号14是锤子线。

总　结

有一句谚语云："授人以鱼，不如授人以渔。"我希望您通过这本书已经学会了"钓鱼"的技术。通过展示蜡烛图基础知识的各个细节，然后通过问答互动、真实交易中的案例、对行情图的按天分析来检验您学习掌握的程度，希望您已经掌握了蜡烛图分析的不二法门。

我建议您订阅一下我们的互联网教育半月期刊。每一期都通过实例详细讲述了一项专业交易工具或者技术。这是您对蜡烛图分析知识进行继续学习的最佳方法。

一位日本武士曾经说过："学习只是一扇门，而不是房子本身。但是在您进入房子之前您必须先通过这扇门。"通过这本书我已经将您带到了这扇门跟前。还有很多超出本书讨论范围之外的技术、思想和交易策略需要您加以更多的学习和探索。

如果您想要了解我们的网站并获得这个免费的期刊，请登录 www.candlecharts.com。下边这张清单列举了我们设计的一些产品和服务，它们可以用来帮助您全面学习掌握蜡烛图技术的应用要点。

◎视频课程

◎在线课程

◎公开课程

◎线下现场课程

◎蜡烛线交易软件

◎实时蜡烛线信号识别软件

◎私人指导课程

◎咨询服务

附　录

蜡烛图术语及示意图表汇总

在这个汇总当中，我们对于各种标准状态下的蜡烛图形态进行了讲解。请您记住，在实际运用中由于每个人在分析时都带有一定的主观性，一些看起来并不是特别标准的蜡烛图形态，也同样可以成为重要的市场信号。在阐述这些定义的时候，我们运用了以下简称来代表特定的市场含义：

B：看涨

BR：看跌

LF：之前的趋势正在失去动力

TC：趋势反转

虽然蜡烛图信号能够传达出看涨或者看跌的含义，但是它们的出现并不一定意味着趋势必然发生反转。看跌的蜡烛图信号可能意味着市场将从上升趋势转为横盘，看涨的蜡烛图信号的出现则可能意味市场从下跌趋势转向横盘。当然，交易者是否应该根据蜡烛图信号来进行实盘交易还要依赖于很多其他的因素。在诸多需要考虑的因素之中，风险／回报比的综合分析是最重要的一个。

请读者注意，本书是一本关于蜡烛图技术的基础入门教程，所以并没有将所有的蜡烛图形态全部呈现出来。很多蜡烛图形态在本书中并没有讲到，如果有读者想了解所有的蜡烛图形态及相关词汇表，请访问我们的网站 www.candlecharts.com。

捉腰带线（Belt-hold lines）——捉腰带线包括看涨捉腰带线和看跌捉腰带线（见图G1）。看涨捉腰带线（B）是一根很长的白色蜡烛线，它的开盘价位于整个交易时段的最低点或者接近最低点，收盘价格远远高于开盘价。看跌捉腰带线（BR）是一根很长的黑色蜡烛线，它的开盘价就是整个交易时段的最高点，收盘价在距离开盘价很远的位置。

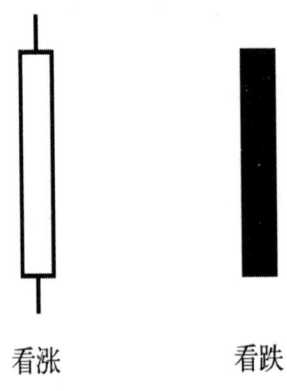

图 G1　捉腰带线

附 录

蜡烛图(Candlestick charts)——经典的日本行情分析图表,图表中一根根的 K 线外表很像蜡烛(见图 G2)。这种 K 线图也被叫作蜡烛图。蜡烛图由实体部分和影线部分组成。

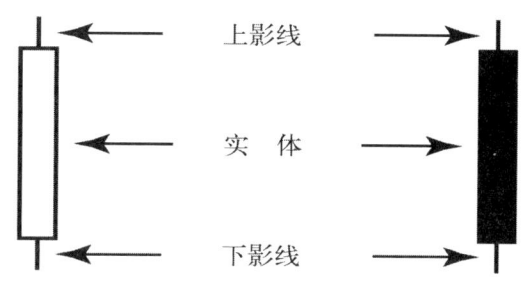

图 G2 蜡烛线

反击线(Counter attack lines)——看涨反击线(B)是指在一波下跌趋势中,在一根黑色蜡烛线之后,市场在刚开盘时急剧地向下杀跌,在收盘时市场却上攻到前一天的收盘价附近,从而结束一天的行情。看跌反击线(BR)是指在一波上涨趋势中,一根白色蜡烛线之后,市场在开盘时大幅地高开高走,在收盘时市场却下跌到前一天的收盘价处,从而结束一天的行情。如图 G3 所示。

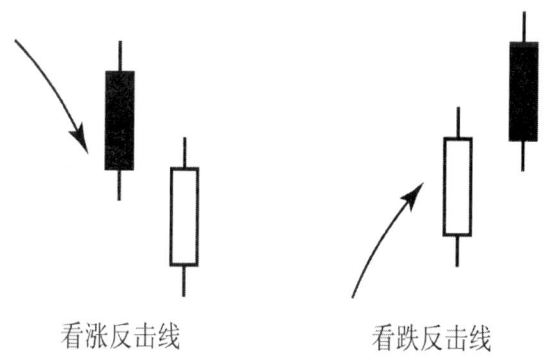

看涨反击线　　看跌反击线

图 G3 反击线

乌云盖顶（Dark cloud cover）——在一波上升趋势之中，首先出现了一根较长的白色蜡烛线，接下来一根黑色蜡烛线紧跟其后。这根黑色蜡烛线的开盘价高于第一天白色蜡烛线的最高价（或者是收盘价），但是这一天的收盘价却向下深深地穿入了前一根蜡烛线的实体之中——甚至超过了实体的一半，如图G4所示。

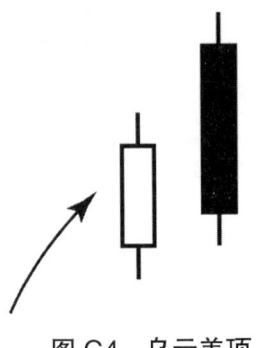

图 G4　乌云盖顶

十字线（LF）——指的是一根蜡烛线上的开盘价和收盘价处于相同的价位，或者是几乎相同的价位（见图G5）。十字线有很多种类的变体（请看墓碑十字线、蜻蜓十字线、长腿十字线等形态的相关说明），其变体的类型取决于实体位于上、下影线的什么位置。北方十字线是指在上升趋势中出现的十字线，南方十字线则是指在下跌趋势中出现中的十字线。

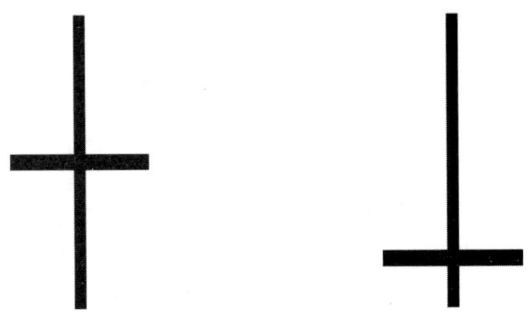

图 G5　十字线

蜻蜓十字线(Dragonfly doji)——如果一根十字线具有很长的下影线,同时开盘价、收盘价与最高价都是同一价位时,就构成了一根蜻蜓十字线,如图 G6 所示。

图 G6　蜻蜓十字线

吞没形态(Engulfing patterns)——看涨吞没形态(B)出现于下跌趋势中,由一根黑色的较小实体和紧随其后的一根实体部分较长的蜡烛线组成,后面的实体较长的蜡烛线吞噬了前面实体较小的蜡烛线(见图 G7)。看跌吞没形态(BR)出现于上升趋势中,由一根实体较小的白色蜡烛线和紧随其后的一根实体较长的黑色蜡烛线组成,后面实体较长的黑色蜡烛线吞噬了前面实体较小的白色蜡烛线。

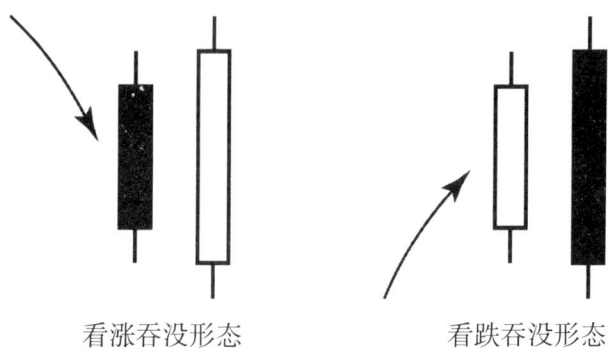

图 G7　吞没形态

黄昏星（Eveningstar）——该形态由三根蜡烛线所构成。第一根是一个较长的白色实体；第二根是一个实体部分较小的蜡烛线（或黑或白），它向上跳空，形成了一根星线；第三根是一个实体为黑色的蜡烛线，其收盘价向下深深地穿入了第一根蜡烛线实体的内部，如图G8所示。如果中间的那根蜡烛线是十字线，那么就形成了十字黄昏星形态（BR）。

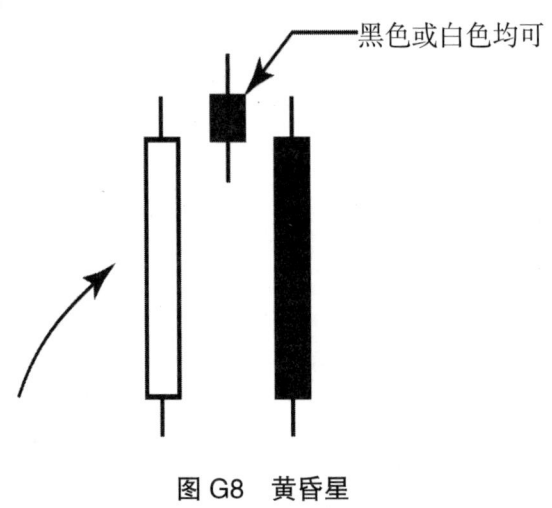

图 G8　黄昏星

墓碑十字线（Gravestone doji）——这类十字线的收盘价和开盘价均位于当日的最低点（见图G9）。

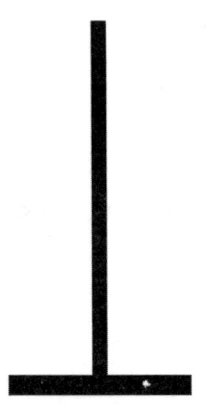

图 G9　墓碑十字线

附 录

锤子线（Hammer）——这种形态（B）出现在一波下跌趋势后，它有一个较小的实体（黑色、白色均可），并且该实体位于当日蜡烛线的顶部位置，当日基本上没有上影线，下影线却非常长（见图 G10）。下影线的长度至少要达到实体部分的 2 倍以上。

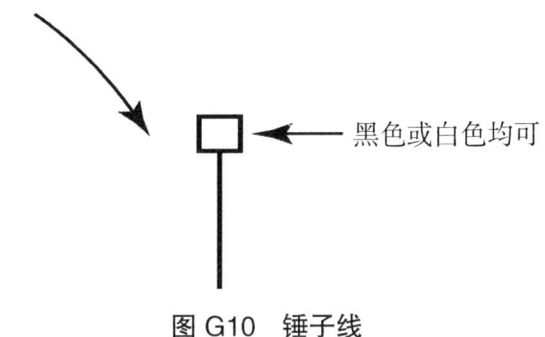

图 G10　锤子线

上吊线（Hanging man）——上吊线和锤子线是同一类型的蜡烛线：它有一个较小的实体（白色或者黑色均可），并且该实体位于当日蜡烛线的顶部，它同时还有一条很长的下影线，几乎没有上影线（见图 G11）。当一波上升趋势之后出现上吊线形态时，这就是一个看跌信号。由于长长的上影线，该形态必须在后市出现一根收盘于其实体之下的蜡烛线对上吊线加以确认，才能确定它的看跌作用（BR）。

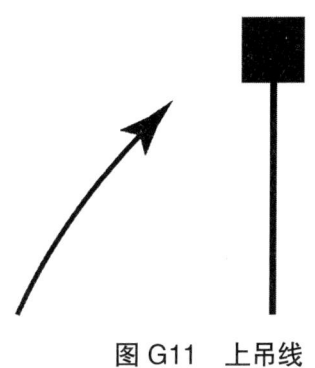

图 G11　上吊线

·267·

孕线（Harami）——这个形态由两根蜡烛线构成，后面的蜡烛线被前面蜡烛线的实体所包含（见图G12）。

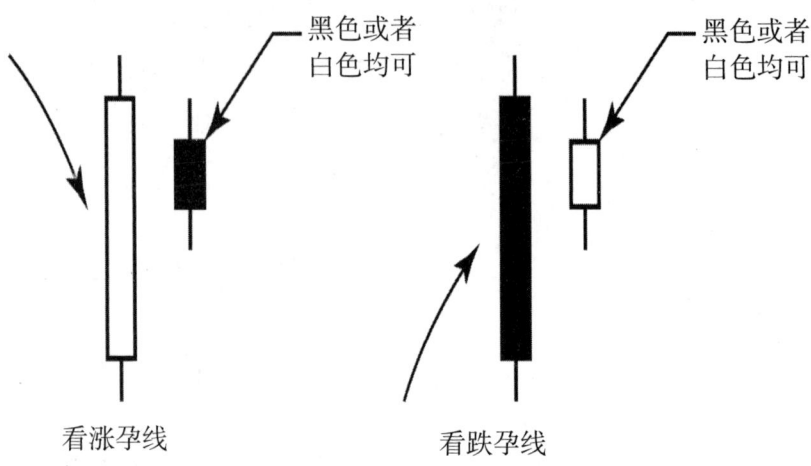

图G12 孕线

风高浪大线（High wave candle）——如果一根蜡烛线的实体部分较小，而且上、下影线特别长，那么它就构成了风高浪大线（见图G13）。如果实体部分变成十字线，那么就形成了长腿十字线（TC）。

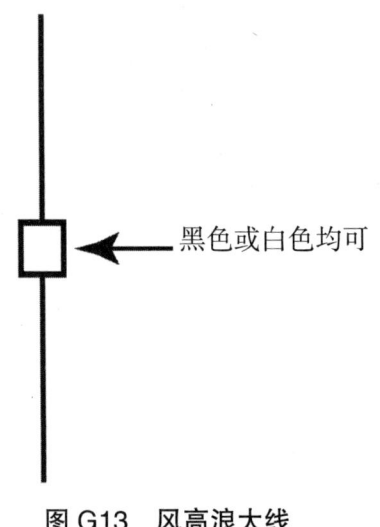

图G13 风高浪大线

启明星(Morning star)——该形态由三根蜡烛线组成。第一根是较长的黑色实体蜡烛线;第二根是实体较小的蜡烛线(可以是黑色或者白色),这个实体较小的蜡烛线向下跳空,形成一个星线。第三根蜡烛线是一根实体为白色的蜡烛线,其收盘价深深地穿入第一根蜡烛线的实体内部(见图G14)。

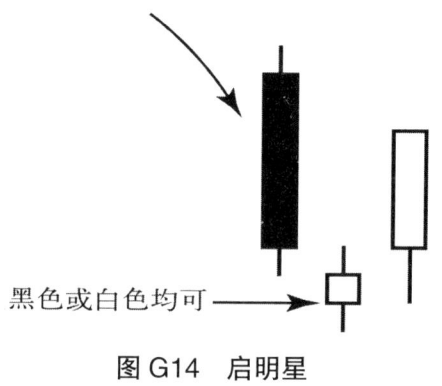

黑色或白色均可 ——

图 G14　启明星

刺透形态(Piercing pattern)——在一波段下跌趋势之中,显示出现了一根长长的黑色蜡烛线,接下来的一天市场向下跳空低开(见图G15),到了收盘的时候,价格却上升到了前一天蜡烛线实体的中点以上位置,形成了一根大阳线(B)。

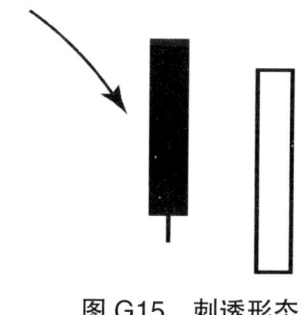

图 G15　刺透形态

实体(Realbody)——我们将蜡烛线上长方形的部分称为实体,它表示的是开盘价和收盘价之间的距离。当收盘价高于开盘价时,实体部分为白色(或者画成空心状态);当收盘价低于开盘价时,实体部分为黑色(或者画成实心状态)。

影线(Shadows)——影线是位于蜡烛线实体上方或下方的细线,它们代表的是价格波动的极大值和极小值。下影线是实体下方的细线,它代表这根蜡烛线的最低价。上影线是实体上方的细线,它代表这根蜡烛线的最高价。

流星线(Shooting star)——在一波上升趋势中,一根蜡烛线带有长长的上影线,但几乎没有下影线,实体部分非常小,我们将这样的蜡烛线称为流星线形态(见图 G16)。

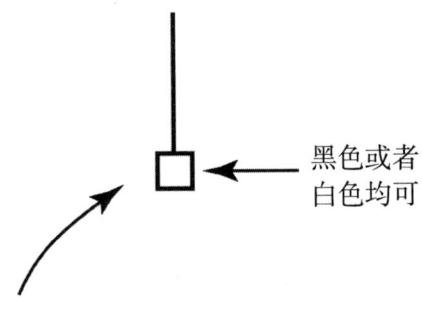

图 G16　流星线

纺锤线(Spinning tops)——纺锤线(TC)是对那些实体部分较小的蜡烛线的别称,如图 G17 所示。

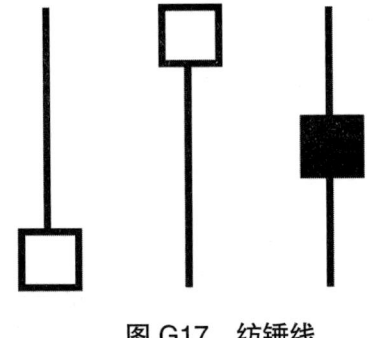

图 G17　纺锤线

附 录

三只乌鸦(BR)——三根连续排列的较长的黑色蜡烛线，其收盘价接近各自交易时段内的最低点，如图G18所示。

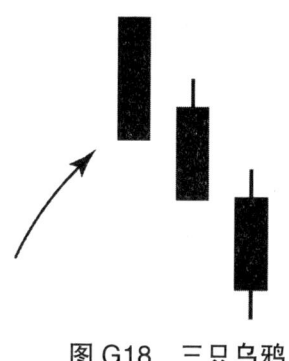

图 G18　三只乌鸦

前进的红三兵(Three advancing soldiers)——该形态由三根白色蜡烛线构成，三根线的收盘价一个比一个高，每根蜡烛线的收盘价都接近当日的最高价，如图G19所示。

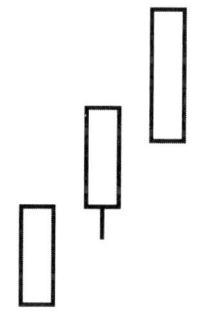

图 G19　前进的红三兵

平头顶部(BR)或平头底部(Tweezers top and bottom)——当市场在相邻的两个交易日之内两次试探同一个高点或者低点时，就出现了平头形态。最标准的状态下，前一根蜡烛线具有较长的实体而第二根蜡烛线具有较小的实体，如图G20所示。

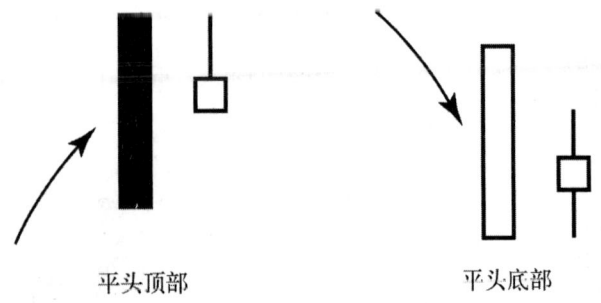

图 G20　平头形态

窗口（Windows）——与西方技术分析所说的缺口是同一个概念，如图 G21 所示。窗口属于说明趋势即将持续的形态。当市场在向上趋势中打开一个窗口时，我们称之为上升窗口（B）。当市场在向下趋势中打开一个窗口时，我们称之为下降窗口（BR）。

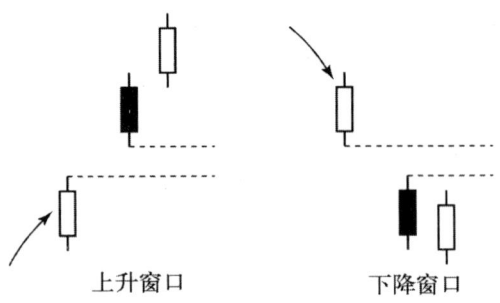

图 G21　窗口

《突破就是买点》
——燕青炒股学习笔记"买股篇"

《突破就是卖点》
——燕青炒股学习笔记"卖股篇"

  两本书是作者近些年炒股学习笔记中的部分精华和讲课教案的再提炼和总结。实践出真知——作者拜读过近些年国内出版的1000多本股票技术分析类书籍,吸收了太多各色高手的投资精华,历经实战,总结出了更实效的看盘要点和交易体系。

  反复阅读《突破就是买点》、《破位就是卖点》,感叹燕青不仅年轻有才颇具灵性,又肯多年如一日的隐居闹市专心研究学问。他从一个艺术设计人转行做投资,确有很多其他学科人士所不具备的不一样的特质,这或许就是"投资也是一种艺术"的所在。

        ——前美国华尔街高盛投资经理、台湾著名操盘手培训讲师 丁元恒

  如同作者书中所述"我们不可能成为股神,但这并不影响我们照样在股票市场得到想要的盈利"。虽然都是证券市场的技术分析,都是买点、卖点的研究,但《突破就是买点》和《破位就是卖点》总结和梳理,定位实际、理论实用、源于实践,是一套实实在在的技术研究和学习的实战教材。

        ——《金融家》杂志主编 徐景权

  燕青有理想、有毅力。他曾经是我们私募队伍里的杰出一员。和他的做人做事的风格一样,这些年呕心沥血致力研究的"突破"、"破位",这项技术也是股市交易中最朴实无华但又最具实战效应的利器。"把最简单的招式练到极致,就是绝招",燕青用他的实际行动和成果做到并证实了。

        ——深圳湛蓝资本总操盘手 王亦锋

《怎样选择成长股》

世界级经典图书，风行世界几十年

1928 年，菲利普·费舍开始证券分析师的事业生涯，1931 年创立投资公司 Fisher & Company（费舍公司），被视为现代投资理论的先驱。

菲利普·费舍是最具影响力的投资家，广受尊敬和钦佩。他的投资哲学在 50 多年前提出，不仅被今天的金融专家学习和应用，并且几乎被当作真理。《怎样选择成长股》一书记录了他的投资哲学，该书于 1958 年首次出版，影响巨大，今天更是成为投资者的必读书籍。

在读完《怎样选择成长股》之后，我开始寻找菲利普·A·费舍……，当我见到他时，他和他的思想都给我留下了深刻的印象。利用菲利普的技能，就能获得对行业及其商业模式的彻底理解……能使一个人做出明智的投资决定。

——沃伦·巴菲特

几乎不为公众所知，很少接受采访，只接受极少的客户，尽管如此，菲利普·费舍还是会被最有思想的投资专家阅读和学习……每个人都能从仔细思考费舍信奉的投资原则中获益，就像沃伦·巴菲特一样。

——詹姆斯·沃克·麦克尔斯 《福布斯》编辑

在我拥有的《怎样选择成长股》一书中，到处是下划线，页边都写满了我看书时激起的想法。

——约翰·特兰 《投资技巧》、《新金融大师》作者

《和谐交易》

斯科特 M. 卡尼，HarmonicTrader 总裁兼创始人，以价格模式识别系统和斐波那契（Fibonacci）测量技术为基础，创立了和谐交易理论和方法。他定义了所有的和谐交易模式，创建了第一个和谐分析软件及和谐分析仪。

我目前使用技术模型来管理超过 30 亿美元的资产。直觉告诉我，没有买入、卖出和交易规则的方法永远不会成功。需要尽一切努力使这个过程免于主观性，没有人比斯科特 M. 卡尼做得更好。

——体育场资金管理首席技术分析师：格雷格·莫里斯

HM Gartley 在 1932 年提出了和谐交易模式的基础和概念，在《股市利润》一书中写出了 5 种模式（称为 Gartley）。拉里？佩斯文托用斐波那契比率改进了这种模式，并且在他的《斐波纳契比率与模式识别》一书中建立了如何交易 "Gartley" 模式的规则。还有其他一些交易者从事这种模式理论研究，但据我所知，最好的工作是由斯科特 M. 卡尼在他的《和谐交易》一书中完成的。他的开创性工作确实令人印象深刻，交易世界应该非常感谢他，因为他为许多交易者开创了新的交易风格和职业生涯。

—— Suri Duddella

我非常感谢你们多年来的努力，以便能够创造这样一个平台。我无法描述你们让我的交易生活变得多么容易。我真的觉得这些年来我只是盲目地走着，现在你们给了我视觉的恩赐，我真的以一种完全不同的方式来看待市场。

过去十年我一直在交易，结果各不相同，我从来没有像今天这样轻松交易每一天。

—— Dave M.

《策略投资》